别让自己输在不会说

U0610397

心理学与
沟通技巧

张金超◎编

黑龙江科学技术出版社
HEILONGJIANG SCIENCE AND TECHNOLOGY PRESS

图书在版编目（CIP）数据

心理学与沟通技巧 / 张金超编 . -- 哈尔滨：黑龙江科学技术出版社 , 2018.12

ISBN 978-7-5388-9890-3

Ⅰ . ①心… Ⅱ . ①张… Ⅲ . ①心理交往 – 社会心理学 – 通俗读物 Ⅳ . ① C912.11-49

中国版本图书馆 CIP 数据核字 (2018) 第 258075 号

心理学与沟通技巧

XINLIXUE YU GOUTONG JIQIAO

作　　者	张金超	
项目总监	薛方闻	
策划编辑	沈福威	
责任编辑	回　博　沈福威	
封面设计	陈广领	
出　　版	黑龙江科学技术出版社	
	地址：哈尔滨市南岗区公安街 70-2 号　邮编：150007	
	电话：（0451）53642106　传真：（0451）53642143	
	网址：www.lkcbs.cn	
发　　行	全国新华书店	
印　　刷	北京德富泰印务有限公司	
开　　本	880 mm × 1230 mm　　1/32	
印　　张	6	
字　　数	150 千字	
版　　次	2018 年 12 月第 1 版	
印　　次	2018 年 12 月第 1 次印刷	
书　　号	ISBN 978-7-5388-9890-3	
定　　价	36.80 元	

前 言
PREFACE

　　与人沟通看似是再简单不过的事情了。但即便如此，简单也不代表人人都能做好。回忆一下，在我们的生活中，你是不是会遇到这样的人：他们并没有特殊的技能，也没有出众的表现，但就是人缘好，走到哪里都受到别人的欢迎，成功也比别人来得更容易。在工作与生活中，那些具有良好的人缘、与同事相处融洽、深受领导赏识的人，大部分都是沟通能力强的人。而那些沟通能力有所欠缺的人则往往不受重视。

　　如何沟通似乎成了一个大难题。不过，如果我们了解心理学的话，问题就会变得简单很多，因为我们可以通过观察对方的言谈举止来更快地了解对方，从而使自己在人际交往中占据主动地位。

　　对于心理学，不少人存在着误解，以为只要学了心理学，就可以轻而易举地洞察他人的心思。事实上，心理学并没有如此强大的力量。但不可否认的是，掌握一定的心理学知识，的确能够有效地指导我们的社交生活，从而为与他人更好地沟通打下基础。

当然，那些沟通能力强的人除了懂得洞察人心之外，还掌握了一定的沟通技巧，所以总是能与人愉快沟通，他们在与人交流时会让对方感觉如沐春风，既舒服又惬意。这些沟通达人也总是能用言语引导别人，仿佛他们天生就有一种"呼风唤雨"的能力！本书就是要教你如何成为沟通达人。

《心理学与沟通技巧》一书就是在心理学的基础上分析生活中经常遇到的人际沟通难题，给大家一些沟通方式上的建议，从而帮助人们更好地认识自己和他人，建立起良好的人际关系。希望读者朋友们可以通过本书了解沟通心理学，学会沟通技巧，大大提高自己与他人沟通的能力。

目　录
CONTENTS

第一篇
沟通从"读心"开始

第二篇

群居社会，沟通技巧很重要

>>> 第一篇

沟通从『读心』开始

第一章

表情不会说谎——你的脸出卖了你的心

1. 眉毛体现出的喜怒哀乐

我们经常说，眼睛是心灵的窗户，而离眼睛最近、关系最密切的就是眉毛。因此，有人形象地将眉毛称为"心灵的窗框"。眉毛在人的面部占有重要的位置，其功用是对眼睛起保护作用，同时，它还能够丰富面部表情，传递人们心理活动、感情波动等信息。可以说，眉毛的细微动作能够透露一个人的心声。

博大精深的中华文化有许多形容眉毛的词语，如眉飞色舞、喜上眉梢、扬眉吐气、眉目传情、愁眉紧锁、横眉怒目、扬眉剑出鞘等，这些词语从不同方面描述了眉毛的不同动作在传递感情及情绪等信息方面的奇妙作用。在现实生活中，如果我们注意观察一个人眉毛的动作变化，往往可以看出他当时的情绪。人们的七情六欲等复杂的情绪，都会在眉毛的相应动作上有所表现，比如，当一个人内心比较平静时，便会双眉舒展，两条眉毛基本呈水平状；当心情愉悦时，会眉飞色舞；当遇到烦心事时，会眉头紧锁，等等。因此，眉毛堪称心情变化的"指示器"，如果想要通过一个人的面部表情对他有更多的了解，千万不要忽略眉毛传达出的信息。

有研究表明，眉毛常见的状态有 20 多种，分别代表着不同的含义，我们简要介绍其中主要的几种：

◆ 双眉上扬

眉毛上扬的动作可以分为双眉上扬和单眉上扬。当双眉上扬时，两条眉毛会向外略微分开，双眉间的皮肤得到舒展，同时扩大了视野，往往给人一种神采奕奕、神清气爽的感觉。一般来讲，一个人如果双眉上扬，就说明他此时心情舒畅，是一种喜形于色的表现，或者是对某件事情持赞同的态度。但是，如果一个人扬眉的动作比较夸张，同时眼睛明显睁大，就很可能在表现一种强烈的惊讶情绪，动作人对自己所接收到的信息感到吃惊、难以理解，便会下意识地将眉毛抬高、眼睛睁大，以扩大视野范围，更好地观察周围环境。因此，当一个人双眉上扬时，要根据其眉毛上扬的幅度、其他的面部表情（尤其是眼神）以及当时的具体情境来综合判断其内心情绪的变化。

◆ 单眉上扬

所谓"单眉上扬"，是指两条眉毛中一条不动或降低，另一条上扬。这个动作虽然看上去和双眉上扬有某种程度的类似，但代表的意思却恰恰相反。心理学家认为，这是一种矛盾的表情：眼周肌肉群既想把眉毛抬上去，又想把它压下来，造成了左右眉毛动作不一致，出现一高一低的样子，很像一个问号的形状。这说明动作人的内心很可能是怀疑或不安的态度，他对别人正在做的事情或者说的话难以相信，有所疑惑。

◆ 皱眉

皱眉是一种常见的动作，形容这一动作的词语也有很多，如愁眉紧锁、皱眉蹙额、双眉紧蹙、愁眉苦脸，等等。显而易见，这些词语都与忧愁、烦恼、反感等负面情绪有关。可见，"皱眉"这个动作通常表示忧郁、焦虑、心理负担重。我们说到一个人的面部表情时，经常用"一颦一笑"来泛指忧愁和喜悦的表情，这里的"颦"便是指眉头微皱的动作。

有时候，皱眉的动作也是一种退缩反应的表现，比如突然遭遇来自外界的攻击时，人们往往会像遇到强烈光线刺激一样，皱起眉头，眼睛微眯，在观察环境变化的同时做出撤退的准备。

当然，人们在思考问题时也往往会皱眉，俗话说"眉头一皱，计上心来"，这是因为当大脑高速运转时，神经系统会发出指令，让肌肉开始收缩，使供应大脑的血液量增加。

◆ 耸眉

"耸眉"这一动作类似于耸肩，是指先将眉毛扬起，短暂停顿后恢复原位，通常还会同时配合做出嘴角下撇的动作。"耸眉"传递的信息也和耸肩有些类似，往往是惊讶、疑惑、无可奈何等，是感到无助的一种表现，有时会是面对困局选择退却的信号。

有的时候，当一个人陈述和强调自己的观点时，也会做出"耸眉"的动作，这是在试图用这种比较显眼的面部表情引起对方的关注，从而取得对方的赞同和支持。

◆ 眉毛闪动

眉毛闪动和耸眉有些类似，同样是眉毛先上扬然后又回归原位，区别在于眉毛闪动在"上扬"及"回归原位"这两个动作之间没有短暂停顿动作，比"耸眉"更迅速快捷，是在瞬间完成的。

这个动作通常是一种友好、善意的表达，比如两个关系亲密的朋友不期而遇时，常常会做出这个动作，同时还会微笑、握手、拥抱等。如果在对话、谈判等过程中，一个人做出这个动作，通常是在强调自己正在讲述事情、陈述观点等，一般还会同时伴随语气的加重。电视剧《爱情公寓》中，男主角曾小贤在讲话讲到得意处时，便会习惯性地频频闪动眉毛，一副眉飞色舞的样子，好像在说：听我的，没错！

◆ 眉毛竖起

在文学作品中，描述一个人极端愤怒、气恼时，常用横眉怒目、剑眉倒竖等词语，可见，这是眉毛的一种常见动作。具体来说，就是左右眉毛在皱眉肌和额肌的共同作用下，在眉心处皱起、下压，同时眉梢向斜上方高挑。这个动作是由强烈的愤怒情绪所引发的，表现了动作人内心强烈的敌对和恼怒情绪。我们试着做一下就可以发现，这是一个比较费力的动作，在情绪平静的时候刻意去做是比较困难的，因此可以表明，当一个人出现这种表情时，往往已经是怒不可遏，处在随时可能"爆炸"的边缘了。同样的道理，如果一个人本来是处于眉毛倒竖的状态，在旁人的劝导、开解下，竖立的眉毛慢慢放了下来，逐渐回归原位，就说明他内心的愤怒情绪逐渐得以平复，对对方的敌意在慢慢降低。

总之，当一个人的心情有所变化时，眉毛往往也会随之做出种种动作，因此，我们可以根据眉毛状态的变化来揣测一个人的内心活动、心理状态等。值得注意的是，人们的每一个动作往往不仅仅只对应一种心理情绪，眉毛的动作也是如此。在以上的介绍中，眉毛的各种常见状态代表了可能存在的各种对应情绪变化，这就需要大家在实际应用中具体分析、灵活掌握。

2. 眼睛也有自己的"语言"

美国 19 世纪著名思想家、哲学家拉尔夫·瓦尔多·爱默生曾说："人的眼睛和舌头说的话一样多，不需要字典，却能够从眼睛的语言中了解整个世界。"的确，一个人的眼睛往往能够准确体现出他的精神状态及内心世界，比如，精力充沛、内心坦荡的人眼睛往往明亮有力、清澈、转动灵活；身心俱疲、内心消极的人眼睛往往显得乏力无神、呆滞；心里有鬼的人眼睛往往躲躲闪闪、游离不定，等等。

眼睛的"语言"，主要包括眼部动作及眼神。通常情况下，一个人眼部肌肉及眼球的各种动作和眼神的交流能够表明他的性格、情绪变化、心理活动等。心理学研究证明，眼睛对一个人内心真实感受的表达甚至往往先于语言及其他肢体动作。

在整个面部肌肉群中，眼睛周围的肌肉是最发达、最灵活的，一个人的眼睛常常会做出各种不同的动作，比如闭眼、眨眼、瞪眼，等等。这些动作不仅能够起到保护眼睛的作用，而且具有很强的反射性，能够直观地反映出动作人的内心活动。下面我们了解一下眼部常见的几种动作：

◆ 眼睛上扬

眼睛上扬是眼睛向上看的一种动作，人在受惊、怀疑、愤怒等情绪的支配下常常会做出这个动作，带有质疑、威胁对方的意味。如果一个人，尤其是男人，经常眼睛上扬，通常他的性格比较强硬、固执，个性鲜明，对自己认定的事情会一根筋地去坚持，且有不服输的心理。

当一个人受到批评、指责，或者是听到别人说自己的坏话时，也往往会做出眼睛上扬的动作，有时还会同时配合耸起肩膀，这是一种无辜的表示。当然，有时候这种无辜是假装的，是在伪装自己的真实想法，所以，当遇到一个人用这种动作表达自己的无辜时，我们要对其做出的其他微反应进行认真观察，综合分析，避免被蒙蔽。比如，如果一个人眼睛上扬的同时眼神游离，不敢正视对方的眼睛，显得底气不足，那他的无辜八成就是伪装的。

有趣的是，在关系比较亲近的朋友或恋人之间，也经常会出现这个动作，这常常是假装受到委屈，传达一种羞怯腼腆的信息，是希望得到对方关注、吸引对方注意的表示；有时也可能是在用眼睛表达喜欢、爱慕等情绪，并期待对方给出肯定的答复。

◆ 挤眼睛

挤眼睛的动作常有向对方使眼色的意思，这是信息传递的一种方式，双方往往有着某种默契，仿佛是在说：你懂的，不要让别人知道哦。如果多人在场的情况下，其中的两个人之间偷偷地挤眼睛，往往说明他们之间的关系比其他人更为亲密。因此，从礼仪的角度讲，在社交场合挤眼睛是一种不礼貌的行为，因为这个带有隐秘意味的动作会使在场的其他人感到被轻视和被排斥，引起不快。

在熟识的朋友之间，挤眼睛的动作往往代表着开玩笑或亲密，如果一个女孩子对追求她的男生做出这个动作，就说明她对他的好感增加，男孩完全可以"乘胜追击"了。但是，如果一个人对不熟悉、甚至不认识的人挤眼睛，就带有挑逗、戏弄的意思了，常常会引起对方的反感。

◆ 眨眼睛

眨眼睛有多种情况，一般来讲，如果一个人的眼睛眨得比较慢、幅度比较大，说明他正在紧张思考自己接收到的信息，并且很可能心存怀疑；如果一个人在说话的同时频繁眨眼，往往说明他对自己所说的内容感到不安，很可能是在撒谎，当然，一个人在压力比较大、心情紧张的时候眨眼的频率也会增加，也就是说，频繁眨眼睛并不能作为一个人说谎的唯一标准，要结合其他信息综合分析和判断；如果一个人在听别人讲话时频繁眨眼睛，很可能他已经处于一种"开小差"的状态，因对所交谈的内容不感兴趣但又不好意思明说，只好装出一副在倾听的样子，其实早就神游物外了。

◆ 眯眼睛

通常情况下，和眯眼睛这个动作同时出现的有另外两个动作：皱眉头和微笑。显然，这是两个截然不同的表情，代表的也是完全不同的情绪。

当一个人眯眼的同时，眉头也皱了起来，这一系列动作使眼眶收缩，视线变得集中，有思考、探究的意思，说明动作人内心感到不安、反感甚至愤怒，也许他正在压抑自己的情绪，不想让激烈的言辞脱口而出。如果在双方交谈的过程中，一个人做出眯眼、皱眉的动作，很可能他对对方说的话产生了怀疑，或者不认同对方的观点，准备进行反驳。

当人们发自内心地微笑时，眼部肌肉会有明显的收缩，眼睛会眯起来，我们形容一个人笑容明显时，常说"他笑得眼睛都没了"。经常眯眼微笑的人一般性情平和，有较强的包容心。

◆ 睁大眼睛

当一个人睁大眼睛时，往往是被某种事物所吸引，产生了浓厚的兴趣。比如对别人所说的话感兴趣，正在认真倾听，这时眉毛往往也会呈扬起的状态，同时还常常面带微笑。

如果一个人迅速睁大眼睛，嘴巴也同时张开，则说明他可能对眼前发生的或听到的事情感到惊讶，有些不敢相信；如果一个人睁大眼睛的同时，眉梢高挑，眉毛像是竖立起来一样，可能就是惊讶的程度比较大，已经陷入惊吓、恐惧的情绪之中了。

◆ 眼睛斜瞥

当一个人表示对别人轻蔑、鄙视时，往往并不一定要说出来，鲁迅先生曾说："明言着轻蔑什么人，并不是十足的轻蔑。惟沉默是最高的轻蔑。"表达轻蔑最经典的动作应该是将眼睛斜瞥，也就是俗话说的"懒得正眼瞧他"，此时，往往还会同时伴随撇嘴、眉毛下垂等微反应动作。

关于眼睛斜瞥，还有个比较"著名"的段子，就是某些人在动手打架之前的开场白——"你瞅我干啥？""就瞅你啦，咋地吧？"

这里说的"瞅"往往就是眼睛斜瞥，是一种不友好的眼神，会引起被瞅一方心理上的高度不适，所以会引发口角之争，甚至是肢体冲突。

一般来讲，如果一个人习惯用眼睛斜瞥别人，往往是高傲自大、内心严重自我膨胀的表现，对人对己都没有正确的评判，总觉得别人不如自己，有一种高人一等的心态。这样的人往往会引起大家的反感，很少有人与之真心交往。

◆ 左顾右盼

左顾右盼、四下张望的动作代表的可能性有很多，也许是在寻找自己感兴趣的目标，比如想在人群中找到和自己相约见面的朋友；也许是在观察有没有人注意自己，以确定自己下一步的行动。比如，有些淘气的小孩子在准备干坏事之前总要先四下打量一番，如果周围没有人注意自己，那就按既定计划做；如果有人在看着自己，那就假装一副乖巧的样子。

3. 爱摸鼻子的匹诺曹

人的鼻子有没有身体语言，学者们看法不一，有人说有，有人说没有。在人的五官中，鼻子和耳朵是最缺乏活动的部位。因此，很难从观察静态的鼻子中读出对方的心理。但是鼻子也有自己的"语言"，美国芝加哥的嗅觉、味觉治疗与研究基金会的科学家们发现：当人们撒谎的时候，一种名为儿茶酚胺的化学物质就会被释放出来，从而引起鼻腔内部的细胞肿胀。科学家还通过可以显示身体内部血液流量的特殊成像仪器，揭示出血压也会因为撒谎而升高。也就是说，一般情况下，那些喜欢撒谎的人都喜欢摸鼻子。我们先来看下面的故事：

小张是刚到公司的新员工，有点小偷小摸的坏毛病。这天，当大家下班后，小张还想在办公室上一会儿网。正巧，他看见了主任办公室的门还开着，好奇心使他悄悄地进去看了一下。巧的是，办公桌的抽屉也没有上锁，里面放着厚厚的一叠钱。面对金钱的诱惑，小张没能抵挡得住，于是他顺手牵羊，拿走了几张百元大钞。他自认为没有人会发现。

但实际情况并不是如此，第二天一大早，主任就在办公室嚷嚷起来了："你们谁偷了我办公室的钱？办公室里怎么还有这样偷偷摸摸的人啊……"没有一人回答，其实，主任也听说小张的手脚不大干净，但没有证据，也不能说什么。这时候，主任秘书小王想出了一个招儿，能看出钱到底是不是小张偷的。

下班后，小王看见小张要离开公司，赶紧追上去："今天下班去干什么呀？不回家陪女朋友？"小王故意试探性地问。

"她在老家呢，不需要我陪。"小王分明看见，小张在说这句话的时候，下意识地摸了一下自己的鼻子，他明白，这是一个人在心虚时常会做的动作，恐怕小偷就是小张这件事八九不离十了。于是，他试探道："哦，对了，刘主任的钱被偷了，你知道吧。也不知道谁干的，每个人好像都有不在场的证据，我昨天和刘主任一起出的门，周大姐也说跟你一起下班的，真不知道是谁干的。"

小王在说这些话的时候，偷偷看了一下小张的反应，果然，小张很慌张地接过话茬："是啊，周大姐还跟我一起去喝了杯东西呢。""嗯，周大姐也说是你请他喝了一杯柠檬水呢……"小王就和小张这么聊着一起离开了公司。

后来，快分开的时候，小王突然问："小张，昨天你和周大姐喝的什么呀？""苹果汁啊，我最爱这个了。"小张随口一答，说完，他才知道自己说错了。

秘书小王让偷钱人小张不打自招的秘诀在于：他先试探小张，发现他摸了自己的鼻子，这是撒谎时会做出的下意识动作。接着，他再编造出周大姐这个中间人，故意为小张制造出一个不在场的证据。当小张对自己放松警惕时，他再问这个问题，小张却回答错了。最终，小张不打自招，也只好承认了偷钱的事实。

西班牙研究者发现，当人们撒谎的时候，潜意识会让人们做出摸鼻子的动作。说谎者的回答还会变得简短，伴有摆弄手指、下意识地抚摸身体某一部位等细微动作。

心理学家经过多次实验证明，当一些不利于自己的或者较坏的信息进入自己的大脑时，人会有下意识地用手遮挡住嘴巴的动作。但是由于这个动作太过突兀，很多时候，人们为了掩饰这个情绪，会就势将这个动作转变为抚摸鼻子。也就是说，一个人一旦做出了摸鼻子的动作，就意味着他对听到的信息表示怀疑。有些人在说谎的时候并不一定会抚摸自己的鼻子，而是在鼻子上轻轻地碰一下，或者摩擦几下，有的人甚至不会出现摸鼻子的相关动作，只会在说谎的时候做出抚摸身体其他部位的动作，实际上，这些动作也都是行为人在说谎时感到压力的情况下所做出的下意识的自我安慰动作。

事实上，摸鼻子的动作也并不单单出现在撒谎的时候，很多时候，人们也会因为空气干燥或情绪紧张而抚摸鼻子，有时也会因为尴尬而抚摸鼻子。所以说，我们在通过对方摸鼻子的动作来判断对方的内心时，应该进行全面的采样分析，这样才能让我们得出更接近行为人真实心理的结论。比如，当一个人做出摸鼻子动作的同时，眼睛也做出向上并向右转动的动作，此刻判断行为人说谎的依据才是更有力的。

要记住这样一个规则：单纯的鼻子发痒往往只会引发人们反

复摩擦鼻子这个单一的手势，和人们整个对话的内容、频率和节奏没有任何关联，但如果这之间存在某种联系，你就必须对他的谈话内容加以警惕了。可见，观察是否摸鼻子确实是一个辅助我们鉴定对方是否说谎的有效手段。当然，在观察他人的时候，一定要进行全面、仔细的信息采集，先大胆猜测，然后再小心求证。只有这样，才能真正判断出行为人的真实心理变化，从而决定与之交谈的方向。

4. 嘴巴，不只是用来说话的

在五官中，嘴巴是饮食和语言的门户，被称为"出纳官"。除了进食，嘴巴的主要功能就是进行语言表达。其实可以说，嘴巴还是人们宣泄内心情感的重要通道，因为人们无论是兴奋、愉快，还是愤怒、悲伤，抑或是其他的各种情绪，往往是通过语言来表达或宣泄的。我们在遇到什么事情时，总是想对亲人和朋友倾诉一下，就是这个道理。

嘴巴除了能够进行语言方面的倾诉外，还经常做出各种动作，如嘴角上扬或下垂，嘴巴大张或紧闭，等等。嘴巴的这些丰富的动作，都与动作人当时的内心活动有着必要的联系，能够反映出他的心理态度和性格特征，可以说是打开人们内心世界的一把钥匙。因此，我们试图通过一个人的面部表情来探知其性格及心理活动时，一定不要忽略对嘴巴的观察。

生理学研究表明，人类的面部肌肉会随着内心情绪的变化而变化，其中眼睛和嘴巴四周的肌肉最为明显。嘴部的动作有许多种，我们先来了解其中主要的几种：

◆ 舔嘴唇

舔嘴唇是常见的嘴部动作，引起这个动作的原因有很多，如果不考虑天气干燥、饥渴难耐等客观因素，仅从心理学方面分析的话，舔嘴唇往往代表动作人正在面临较大的压力，他的内心感到紧张。心理学研究发现，当一个人内心压力比较大时，会感到口干舌燥，所以会下意识地不断用舌头舔嘴唇。同时，这个动作也带有明显的安慰性质，类似于对自己进行抚摸，是在压抑情绪的波动，试图让自己镇静下来。

◆ 咬嘴唇

咬嘴唇这个动作的含义十分丰富，在不同的场合传递着动作人不同的心理状态。总的来说，这是一个压抑性的动作，说明动作人内心充满愤怒、怨恨、焦虑、紧张等不良情绪，同时又无法发泄，所以借助这个动作来克制自身的情绪。比如，在牌桌上，如果一个人拿到一手烂牌，他往往会不由自主地咬紧下唇；运动员在比赛失利的时候，也常常会做出这个动作，这也有着自我惩罚的意味。

值得一提的是，许多少年儿童有咬嘴唇的习惯，严重的会把嘴唇咬出血泡甚至咬破流血。这个问题希望能够引起广大家长以及老师的重视，因为这不仅仅是孩子的行为习惯不良、身体受伤、影响美容等这么简单，往往还说明孩子心理压力过大，严重的甚至有焦虑、抑郁等倾向，需要及时调节和干预。

◆ 抿嘴

抿嘴这个动作有些类似于"咬嘴唇"，表达的往往也是内心感到了压力。和"咬嘴唇"不同的是，"抿嘴"这个动作传达着更多的正能量，比如，一个人在面临紧急事态或人生的重大决定，感到"压力山大"时，会不自觉地抿紧嘴唇，给自己加油打气，鼓励自己树立信心。

如果一个人经常做出抿紧嘴唇的动作，往往说明他性格坚毅、倔强，意志坚强，遇到困难绝不轻言退缩，有不达目的誓不罢休的毅力。

◆ 撇嘴

人们微笑的时候嘴角是上扬的状态，以表达快乐、愉悦的情绪；反之，当一个人做出下唇向前伸，同时嘴角下垂的动作，也就是常说的"撇嘴"时，表达的则是一种负面情绪。一般来讲，撇嘴是由厌恶、反感、不屑、鄙夷等情绪引起的，引发这种情绪的是某些使当事人感到不适的刺激，同时还不至于对当事人造成伤害，不至于引起当事人的愤怒或恐惧。我们有时候会听到有人说"你是有多瞧不上呀，瞧把嘴撇得像八万似的"，说的就是这种心态。

另外，当人们感到委屈时，也常常会下意识地做出撇嘴的动作。比如，如果看到一个孩子的小嘴使劲往下撇，那就是啼哭的前兆了。

◆ 咂嘴

咂嘴是指通过双唇开合的动作以及舌、齿的配合，发出响声。咂嘴有多种含义，如果在品尝某种食物后或谈及某种食物时做出咂嘴的动作，就表示对这种美味有所回味，再夸张点就是垂涎欲滴了；如果是面对某种比较值得称道或比较稀少的事物，咂嘴就表示赞叹、羡慕等情绪，成语"啧啧称奇"就是这个意思，比如在《红楼梦》中，刘姥姥初次到贾府求助，来到王熙凤的住处后，"满屋里的东西都是耀眼争光，使人头晕目眩；刘姥姥此时只有点头咂嘴念佛而已"；如果面对令人不满的现象或事情，咂嘴还表示谴责、制止等，比如，在电影院看电影时，如果有人不停地说话，被影响到的人就会用"啧啧"的咂嘴声表达不满和制止。

◆ 撅嘴、嘟嘴

当一个人的嘴巴向前、向上撅起时，往往说明他内心充满了不满或者有不同意见。这个动作在小孩和女性身上出现的频率比较高。比如，好不容易盼到了周末，但是老师却布置了一大堆作业，此时孩子们往往会纷纷撅起小嘴，表达自己内心的不满；女性在恋人面前撅嘴往往含有撒娇的成分，是在用这种肢体语言告诉对方："本宝宝"很不爽，快点来哄我，否则你就惨啦！

嘟嘴是将嘴唇以及周围的肌肉均匀地向前凸起，有点像是撅嘴的"加强版"。现在很多年轻人，尤其是女孩子，拍照的时候喜欢用这个动作，有着比较明显的扮可爱、撒娇等意思。

◆ 嘴巴张大

我们在形容一个人吃惊的样子时，有一个夸张的说法：他的嘴张得能塞下一个拳头。漫画作品中也会用嘴巴张圆、眉毛挑高、眼睛圆睁等动作来表现人物的惊讶、震惊等情绪。

◆ 用手捂嘴

用手捂嘴这个动作经常发生在小孩子身上，如果留心观察的话，我们会发现，有的孩子在感觉自己不小心说了不该说的话，或者撒谎后又感到后悔的时候，就会用手紧紧地把嘴巴捂住，好像是为了阻止自己刚刚说的话往外"跑"，试图把它收回来一样。

成年人一般不会再做出如此夸张的动作，但是，心理学研究发现，当人们试图掩饰自己的面部表情的时候，往往会引起手部活动。一个人在撒谎或说错了话时，常常会下意识地将手伸向嘴部，似乎是在提醒自己要管住嘴巴，只是动作不会太明显。值得注意的是，当一个人话说了一半，突然用手捂一下嘴，紧接着便赶紧否认自己刚说的话，或者对刚说的话进行解释，就说明他可能突然意识到自己在毫无防备的情况下说出了不该让对方知道的真相，正在懊恼地补救。

例如，在陈佩斯和朱时茂表演的小品《警察与小偷》里，朱时茂扮演的警察问陈佩斯扮演的小偷大冷天在街上站着干什么，小偷回答是在望风。随后，他意识到自己说漏了嘴，马上捂了一下嘴，改口说："不是不是，我是在放风。"

◆ 用手挡嘴

用手挡嘴的动作常见于两个人秘密交谈时，说话人不愿意让周围的人听见自己所说的内容，用手遮挡在嘴巴的一侧，是一种阻隔姿势，试图以此控制声音的传播。同时，这个动作还有特定暗示的意思，希望对方能够理解所交谈的内容是秘密的，要注意保密。

通常情况下，人们嘴部所做出的动作比较明显，容易观察，嘴部所传递出的内心信息也比较丰富，容易理解。因此，我们在与人交往时，要多留心其嘴部的各种微反应，从中读出更多的内容。不过，值得注意的是，任何事物如果只进行片面解读就容易出现偏差，在理解他人嘴部的微反应时，要注意结合面部的其他微反应进行综合分析和判断。

5. 千差万别的笑容

在热播电视剧《甄嬛传》中，甄嬛诞下一位公主，陈建斌饰演的皇上闻讯后笑容满面，匆匆起身前去探望。贴身太监苏培盛打趣说："皇上怎么就高兴成这样？"皇上掩饰似的回答说："公主而已，哪里就高兴了。"苏培盛答道："皇上，您脸上的笑容可藏不住呀！"

通常情况下，笑容表达的是喜悦、友好等情绪。然而，在人类的各种表情中，笑容可以说是最为复杂多变的。由于人的性格及心理状态的不同，即使脸上呈现的都是笑容，但如果认真观察还是可以发现，同样是"笑"，其实还是分为很多种，有微笑、苦笑、嘲笑、真诚的笑、言不由衷的笑，等等。人们在不同的情况下，会产生不同的笑容。在生活中，我们可以根据不同类型的笑容，来了解他人笑容之后隐藏的秘密。

◆ 微笑

微笑是人类生理上最统一、最基本的表情，新生婴儿在睡梦中往往会面带微笑，成年人在不同的场合下也常常微笑。通常情况下，人们是在用微笑表达内心的喜悦、美满之情。

经常微笑的人性格一般比较温柔、敦厚，遇事很少和人争执，他们善于换位思考，也就是从对方的角度去考虑问题，凡事能够看得开，能够为别人着想，因此是值得深交的朋友。由于他们比较善解人意，所以善于处理人际关系，当其他朋友出现纠纷时，他们往往是很好的调解人，不仅能够有效安抚双方情绪，而且处理事情比较公正，使双方都比较满意。

◆ 开口大笑

笑的时候嘴巴张开，嘴角向外扩张或上挑，发出"哈哈哈"或"呵呵呵"的笑声。这种笑一般出现在比较轻松的环境中，如熟悉的朋友之间，或宾主相谈甚欢之时。

经常开口大笑的人一般性格爽快开朗、不拘小节、行为大方，有的甚至显得有些粗犷。他们往往不刻意掩饰自己的情感，属于性情中人，容易沟通，并且他们对待生活和工作的态度比较积极。对于需要帮助的人，他们一般不会袖手旁观，并且对于比自己"混得好"的朋友，他们也很少会有嫉妒之心，人品值得信任，所以值得深交。

◆ 偷笑、窃笑

人们在偷笑、窃笑的时候往往会有意识地减少自己的面部表情，但还是会有嘴角外壮、脸颊隆起等微小的动作，尤其是眼睛里的笑意，是很难掩饰的，足以暴露内心深处难以控制的欣喜、兴奋之情。经常偷笑的人一般性格比较保守，有时还会显得有些羞怯，为人处世谨慎小心。

一个人在偷笑的时候必然意味着心中暗自高兴，偷笑的原因有很多，也许是听到了好消息心情很快乐、很激动，但由于受周围环境的限制，需要给周围的人留下谦虚、谨慎的印象，但内心情绪的波动又难以平复；也许是性格本来就比较内向、腼腆，或者和周围的人不太熟悉，因而担心笑容太肆意会影响他人对自己的印象，所以会偷偷地笑。当然，有的人在办了坏事又成功地瞒过了他人，或者看到别人遇到麻烦自己幸灾乐祸时也会不怀好意地偷笑，这就属于人品问题了，和这种人交往要多长个心眼儿。

◆ 抿嘴而笑

有的人在笑的时候喜欢抿嘴而笑，很少张开嘴巴，也就是传统礼仪中对女孩子要求的"笑不露齿"。通常来说，这种笑容多发生在女性身上，如果一位女士对男士发出这样的笑容，往往代表对他的满意，但由于矜持、害羞等心理不想在语言上明确表达。

揿嘴而笑这种动作往往反映了动作人安静的性格，属于大家常说的"静得下来的人"，他们的性格往往比较内向，不喜欢轻易向别人诉说自己的心事，但对周围发生的事情常常观察得较细致，也能做出比较准确的判断。因此，如果你的朋友中有这样的人，遇到困难了不妨找他讨教一下，也许他能给你一个惊喜。

◆ 捂嘴而笑

笑的时候喜欢用手捂住嘴巴的人多见于女生，她们一般属于温柔、安静的类型，比较注重小节，性格比较内向，甚至有些自闭，很少主动向别人吐露自己的心事，有时还会刻意掩饰自己的真实态度。这类人遇事往往比较犹豫，如果是和比较强势、果断的人一起做事，她们会是很好的追随者。

笑的时候捂嘴巴的男生一般属于条理清楚的类型，他们做事谨慎、专注、有条不紊，个人仪容仪表比较整洁，经常一副清清爽爽的样子出现在别人面前。

◆ 假笑、伪装的笑容

一般情况下，人们都喜欢看到别人对自己展露笑容，但是，大家知道，有时候一个人的表情是伪装的，并不是所有的笑容都是发自内心的快乐和善意，有时候只是礼节性的、敷衍的，甚至是在掩饰厌烦等真实的心理情绪，也就是说，有一种笑容叫"假笑"。

那么，如何区分一个人笑容的真假呢？这个问题还要从笑容的产生说起。心理学家经过实验发现，人类的笑容由面部颧大肌和眼轮匝肌控制，当一个人情绪愉悦时，两组肌肉会同时收缩，颧大肌拉扯嘴角运动，眼轮匝肌带动下眼睑向上提升，所以我们形容某人笑容明显时会说"笑得眼角满是褶子"。但是，大脑只能控制颧大肌的运动，而眼轮匝肌的运动是在无意识状态下发生的，如果一个人的笑容是为装出来的，眼轮匝肌（也就是眼角部位）就没有明显的收缩。当然，并不是说所有人伪装出的笑容都是不好的，礼节性的笑容在生活中也很重要。

◆ 边笑边鼓掌

鼓掌是一种常见的行为，也是一种常见的礼仪，在不同的场合往往表达不同的含义。总的来讲，鼓掌代表的是欢迎、赞赏、鼓励等积极的、正能量的态度，经常边笑边鼓掌的人，往往有比较强的同理心。所谓"同理心"，简单来说就是在人际交往的过程中，能够设身处地从对方的角度去考虑问题，体会对方的情绪，理解对方的立场，属于善解人意的类型。

经常边笑边鼓掌的人往往还是比较好的交谈对象，和他们聊天时一般不用害怕冷场，因为他们总是善于找到合适的话题，并且容易接受别人的观点和看法，不会使聊天出现冷场或因对某事的观点不同而出现尴尬的场面。但是，需要注意的是，可能正是因为这类人容易受他人的影响，所以他们有时会显得立场不够坚定，如果合作伙伴中有这样的人，要留心竞争对手对他们的游说和拉拢。

心理学家研究发现，不同的笑容能够反映不同的内心世界，"笑"虽然只是一个简单的动作，但是它被认为是人与人之间重要的沟通方式。在现实生活中，我们经常能看到各种各样的笑容，对不同的笑容进行了解，有助于我们窥见笑容背后隐藏的秘密。

第二章

动作的秘密——小姿势背后的大内涵

1. 双臂姿势显露个人性格

一个人的站立、行走、坐卧等动作，往往会"暴露"他内心的某些情绪和想法。人的四肢收放自如，动作较多，必然会表现出更多微反应。双臂是上身最为灵活的部分，其表达的心理活动也就较为精确，同时也易于观察，因此，在微反应研究中，双臂一直是被关注的重点。

双臂的姿势及动作有很多，我们先来了解常见的几种。大家如果有兴趣的话，不妨在了解了这些基本动作的基础上，在生活中多观察、多分析，相信会有较多感悟。

◆ 双臂自然展开，类似拥抱的姿势

我们经常用各种肢体语言表达着内心的喜怒哀乐，其中最常见的就是拥抱。当一个人做出展开双臂、肩膀自然放松这一类似拥抱的姿势时，便代表着信任与热情。一些明星在演唱会或粉丝见面会上喜欢做出这样的动作，表达自己对大家的诚意和感谢。

◆ 双臂交叉，抱于胸前

在日常生活中，这是一个很常见的姿势，对其所表达的含义往往需要结合当时的场合、情境以及动作人的面部表情、手的姿势等来进行具体分析，以做出准确判断。

如果在几个人交谈或者听报告时，有人做出抱臂的动作，同时双手呈现放松的姿势，脸上是认真或者放松的表情，那么他可能对交谈或报告的内容很感兴趣，处于认真倾听的状态，而抱臂这个动作更多地是在表达一种情绪的深化；如果一个人双臂交叉的同时，双手呈现紧张状态甚至紧握拳头，脸上是抗拒、戒备或者轻蔑等表情，那么这就应该是一个标准的防卫性动作了，动作人抱于胸前的双臂等同于竖起的一道屏障，将对方与自己隔离开来，不仅表达了动作人防御、抵制的心态，同时还表达了意志坚定、难以被对方所动摇的心理。

比如，在一些球赛的现场，有一方球队的教练对裁判的判定不满意，认为有失公允时，会不顾一切冲到裁判面前指手画脚地争辩，甚至还会说出一些粗话表达心中的不满。此时，如果这位裁判处事理智、冷静，往往会抱起双臂，做出防卫性动作，表达自己对判决的坚持。

◆ 双手叉腰

挺胸抬头、双手叉腰等动作有时是带有挑衅性的，这种姿势可以使自己的形象显得高大，给对方造成心理上的压力，达到威慑对方的目的，代表的意思类似于"别给自己找麻烦""离我远点儿"等。

叉腰的姿势有时会有些变化，不一定是双手叉在腰间，比如有的人在照相的时候双腿会微微岔开、稳稳站立，一手叉腰，一手扶在大树、山石等物体上。这种姿势往往是一种自信、自立的表现，有点"指点江山"的意味，说明动作人对自己的现状比较满意，对未来也很有把握或控制感。

◆ 背手动作

背手动作是指双手背于身后，用一只手握住另一只手的动作。这种动作是人类所特有的，往往代表着一个人的坦然、自信等正能量的态度，因此，有权威的人更喜欢做出这种动作，以显示他们的"崇高地位"。比如，在学生时代我们经常可以看到在校园中"巡视"的校长、教导主任，在教室里来回漫步，监考或查看作业情况的老师，他们往往都是双手交叠于身后这种姿势。

将手背在身后还往往是"力量"的象征，因为只有"艺高人胆大"的人才敢于将自己的胸腹部完全凸显出来。比如，警察、保安等人员在执行警戒任务时，常常采用挺胸、收腹、双手背于身后、两眼平视前方的站立姿势。

通常情况下，背手的动作能够起到一定的镇静作用，因此，有些有紧张、恐惧情绪的人也会把双手背在身后。那么，怎样判断一个背着手的人心里到底是什么状态呢？这里有一个小技巧，就是想办法看看他背在身后的双手到底是如何放置的，如果是用一只手握着另一只手，就说明他的心里坦然而镇静；如果他是用一只手握住另一只手臂，往往就说明他处于紧张状态，并且握的部位越往上，就是说越靠近肘部，他紧张的程度就越高。

◆ 叉手动作

叉手动作与背手动作有一定的相似性，背手动作是将双手置于身后相握，叉手动作则是双手交叉相扣，放在身体的腹部或小腹部。总的说来，这是一种拘谨的、防御性的姿势，通过交叉双手将自己的胸腹部在一定程度上遮挡起来，表达的是局促、紧张的情绪和某种不自信的心理。

在现代礼仪教育中，这种叉手的动作也用来表达一个人谦虚、顺从等态度。比如，比赛场上等待裁判打分的运动员，饭店、咖啡厅等服务场所等待顾客召唤的服务员等，一般都采用叉手站立的姿势。

◆ 袖手动作

有一个成语叫作"袖手旁观"，形象地描述了某些人双手交叉拢在袖子里在一旁冷眼观看，一副"事不关己，高高挂起"的样子或看热闹的心态，常用来比喻置身事外，既不过问，也不协助别人。

在现代社会，尤其是生活、工作节奏紧张的城市，已经很少见到有人做出"袖手"的动作。说到这个动作，可能大家联想到的是影视作品中袖起双手、缩着脑袋、依偎在柴火垛下晒暖聊闲天的老农民形象。当然，这样说并没有贬低农民的意思，只是想说"袖手"的动作属于一种消极的肢体语言，是借助外力对双手进行约束的动作，有时还有封闭、防御等含义。

◆ 握臂动作

握臂是将一只手臂下垂，另一只手握住下垂手臂肘部的动作。这是一个类似于自我拥抱的动作，带有一定的自我安慰性，做出这个动作的人内心往往是紧张不安的情绪。比如，等待面试的人、法庭上的被告、等待就医的患者等，这些将要面临危险、威胁或未知情况的人，往往会不由自主地做出这种姿势。有时，还会伴有将脚踝或腿部交叠的动作，或者身体扭来转去、坐立不安的样子，都说明这是一种显示紧张情绪的肢体动作。

◆ 手臂高举

手臂高举过头部，是手臂能做的最高的动作。手臂高举的动作表达的情绪有很多，一般会用来表达比较激烈的情绪，多见于气氛本来就比较热烈的场合，比如，兴奋、喜爱、祝福、胜利、愤怒、恐吓，等等。具体表达的是哪种情绪，要根据高举的双臂所做的其他动作、动作人的其他微反应、当时的具体情境等多方面的因素具体分析。

通常情况下，人们将双臂高举过头后一般不会静止不动，而是要同时做出摆动双臂、双手互握、紧握双拳等动作，从这些动作中往往可以判断动作人的情绪。比如，在一些球赛或演唱会的现场，热情的球迷或粉丝双臂经常会高举过头左右摆动或交叉摆动，这是在表达对球员或歌手的喜爱及自己内心的快乐；运动员摘取金牌后经常高举双臂并将双手互握，这是在模仿拳击比赛中裁判握住取胜者的手并高高举起的动作，是对胜利的祝福；当一个人想向他人发出警告时，会握紧拳头，高举过头并做出挥舞拳头的动作，这是在表达自己内心的愤怒和对对方的恐吓。当然，举起双臂还有一个众所周知的含义就是投降，表示自己不再持有任何武器，但这个动作在日常生活中一般不太经常出现，不过有些彼此熟悉的朋友也会用这个动作戏谑地表达自己的顺从。

总之，双臂的动作有很多，也很复杂。通过一个人的手臂所做出的各种动作，往往能够准确了解其内心的真实想法。当然，一个人具体的情绪和心情，并不能仅仅根据手臂动作来判断，往往还需要配合其他肢体语言来综合分析。不过，值得注意的是，手臂所表现出的肢体语言真实性很强，可以帮助我们洞察他人的心思，在微反应的应用中占有不可忽视的地位。

2. 离大脑最远却最诚实的腿脚

我们在对别人进行观察时，注意力往往是由上至下的。也就是说，一般情况下，一个人对对方的五官、面部表情及躯干的动作观察得较为仔细，却常常忽略对方腿部和脚部的动作，在试图解读别人的身体语言时，更是习惯从面部表情入手。但是，很多人，尤其是城府较深的人，是不会把自己的真实情绪"写"在脸上的，他们很多面部表情可能是大脑经过严密思考后做的假。换句话说，就大脑是你观察到的对方的一颦一笑也许是故意做出来的，是对方借面部表情在撒谎。

其实，远在人类进化出表情、语言、使用工具等功能之前，下肢就已经进化出了应对威胁的功能，这些功能甚至会先于理性的判断和思考而自发执行。例如，文学作品中常有"他来不及去想发生了什么，便拔腿而逃""他条件反射般飞出一脚，正好踢在对方的要害之处"等类似的描写。可以说，下肢的这种功能保证了人类的生存，是一种原始的本能，也是最"诚实"的。

英国心理学家莫里斯经过研究发现一个有趣的现象：人体中越是远离大脑的部位可信度越高，相对于身体上部分（如头颈部、上肢等）的运动组织而言，下肢（腿和脚）受大脑皮层的控制较小，而受边缘系统的控制较强。在人体的微反应中，离大脑最远的腿和脚的反应是最原始的，它们的表现可以说是最诚实的，代表了人类最基本的欲望和心理需求，比其他部位更能准确地表达人的真实情绪。因此，它比脸、上肢等诚实得多，并构成了人们独特的心理语言——脚语。

所谓"脚语"，是者人在坐立行走时脚所做的动作，所发出的声音，所对的方向等，更接近于人的下意识，可以反映一个人的性格、情绪、心理指向，等等，堪称脚部的秘密语言。

从心理学角度来说，和人体语言的所有其他信号一样，脚的动作也是人们的肢体语言之一。我国丰富的语言词汇里有许多描述脚的词语，如步伐矫健、健步如飞、闲庭信步、大步流星、步履蹒跚、鹅行鸭步、跌跌撞撞、望而却步，等等。这些词语表面上是在描写脚步的轻、重、缓、急、稳、沉、乱等，其实表现的是人内心或稳定或失衡、或恬静或急躁、或安详或失措的状态。我们在日常生活中也会发现，由于心情不同，一个人走路的姿势、发出的脚步声也会有所不同：当心情愉快时，脚步往往会显得轻松；反之，如果遇到烦恼苦闷的事情，步履就会沉重拖沓。文学作品中描写一个人心情沉重时，常常用类似"脚步千斤重一般，艰难万分地挪了过来"的语句来表达，就是这个道理。

就像每个人都会有自己习惯的面部表情、手势等肢体语言一样，每个人的脚也会有一些习惯性动作，也就是说，每个人都有自己固定的"脚语"。由于相对于其他的肢体语言来讲，脚的状态和变化所透露出的线索会更加贴近人的原始本能，传达出的信息也更精准，并且又往往被人们所忽略，本人一般也不会有意识地去加以掩饰，所以，观察一个人的脚语，常常能得到更多的信息，一个人的脚语，往往会反映这个人的性格。

比如，性格外向、豁达的人，站立或坐下的时候会自然地张开双腿；性格内向、谨慎的人，会习惯并拢双腿，坐下的时候会下意识地将脚收拢；走路大步流星、脚步较重的人，性格一般比较开朗、直率；走路小心翼翼、轻手轻脚的人，往往比较细心、精明，心思比较重。

人的"脚语"通常会因为某些突发的情况而变化。其实这是很好理解的，试想一下，假如一个人遇到了十万火急的情况，即使性格再稳重，又怎么可能还像平时一样悠闲地迈着四方步呢？所以，对于熟悉的人，当你发现他的脚步较平时有较大变化时，十之八九他是遇到什么变故了。

"脚语"还会直接表现一个人的情绪。如果用音乐来比喻的话，脚语就是为情绪打拍子的节奏，比如，"暴跳跺脚"是低沉的重节奏，"大步流星"是匆忙的快节奏，"闲庭信步"则是舒缓、怡然的慢节奏。

我们认真思考一下就会发现，快乐、幸福、自信、满足、紧张、不安、恐惧、忧虑、厌烦、反感、沮丧、绝望，等等，这些情绪都能够在腿和脚上有所表现。

（1）快乐、幸福：脚步轻快，甚至有蹦蹦跳跳的趋势，我们常说"欢呼雀跃""高兴得跳了起来"就是这种状态。

（2）自信、满足：站立时双腿往往自然分开，显得控制有力，坐下时常自然地"跷起二郎腿"，有时动作还会比较夸张。

（3）紧张、不安：腿脚动作不自然，频繁更换姿势，好像没有感觉舒适的姿势，俗话讲就是不知道往哪放。

（4）恐惧、忧虑：来回踱步，显得坐立不安。

（5)厌烦、反感：脚步不自觉后退，这其实也是一种距离反应，是在下意识地和自己反感、厌烦的对象拉开距离。

（6)沮丧、绝望：常常会表现出双腿无力的样子，就像常说的"他一屁股坐在了地上""他绝望地蹲在角落里，把头深深地埋了起来""他像一摊泥一样瘫在地上，再也站不起来了"，等等。

人的心理指向往往也会从"脚语"中泄露出来，通过一个人移动脚步的方式，往往可以一窥其内心世界。比如，人在站立时，脚尖往往会指向自己感兴趣的方向，如果一个人遇到自己喜欢的异性，但是又不好意思上前搭讪，而是假装和他（她）旁边的人交谈，这时，这个人的眼神也许是在注视着与之交谈的人，但一只脚的脚尖却往往不自觉地朝向那个自己感兴趣的人。再比如，当我们和别人交谈时，如果对方说的内容是我们感兴趣或完全认同的，我们的两个脚尖就会完全朝向他；但是，如果我们感觉不耐烦了，往往会下意识地将一个脚尖朝向其他方向，其实，这就是在内心深处已经做好了随时离去的准备。

综合上面的介绍，我们可以得出一个结论：脚部几乎是我们身体上最诚实的部位，一个人的脚语，往往是反映其内心情绪的信号，能够表露这个人的性格特征、对谈话对象的看法、内心的情绪变化、真实的心理状态等。读懂对方的脚语，能够帮助我们在与人交往时了解对方，适时调整交际策略，找出合适的方法与之沟通交流，并在此过程中做到游刃有余。

3. 走路姿势是情绪的密切写照

我国有句俗话："行如风，站如松，坐如钟。"这是古人对人的良好行为姿态划定的一种标准，良好的走路姿势、站姿及坐姿不仅有益于身体健康，还可以使一个人的外在形象处于较佳状态，给人留下稳重、端庄等美好的印象。然而，正如这个世界上没有两片完全相同的树叶一样，每个人在行走、站立、坐下时的姿势各具特色，不一而足。这之所以有千差万别的区别，有生理上的原因，但更多、更重要的是个性上的差异，是心理的暗示。认真观察一个人的姿势，有助于我们更好、更直接地获取大量当事人的心理状态信息。我们先来了解走路的姿势。

在上节我们讲道，人体中越是远离大脑的部位，其可信度越高，人的腿、脚才是真实信息最集中的地方，一个人不同的心情会直接映射在腿和脚的反应上。人在走路时是动态的，走路的姿势包括频率、幅度、身体状态等，往往会透露更多的信息，只要我们用心观察，就能分析出一个人心理上的动向，识破其真实想法。

大致说来，人们走路时的姿势可以分为以下几种：

◆ 走路时步伐急促、矫健

这类人无论要去的地点是远还是近、要办的事情是急还是缓，总是一副急匆匆的样子，我们往往用"健步如飞""大步流星"等词语来形容。

这种走路姿势的人通常是行动主义者，大多精力充沛、精明强干，注重办事效率，勇于面对现实生活中遇到的各种情况，有较强的适应能力，属于"敢打敢拼"的类型，往往事业有成。如果你的朋友中有这样的人，请珍惜你们之间的友谊，因为这类人不仅有自己的主见和辨别能力，而且一般重信义，守诺言，是言必信，行必果的人。如果请求他们帮助办一些事情，只要答应了，他们就会尽力去办，在最短的时间给出一个满意的结果。

◆ 走路时步伐平缓、慢条斯理

这类人走起路来气定神闲，总是一副慢腾腾的样子，有时甚至显得总是"慢半拍"，即使有人在旁边催促也快不起来。这样的人为人谨慎，凡事讲求稳重，比较务实，做事有条理，喜欢"三思而后行"。

这类人优点和缺点都比较明显，优点是为人不张扬、不好高骛远，虽然有时显得好像有些懦弱，但其实有自己的思想和主见，不轻易被别人所左右；缺点是做事缺乏冒险精神，有时过于追求平稳，会因此错失良机。

◆ 走路时身体前倾

有的人走路时习惯于上身前倾（当然这里说的不包括年事已高者显示出的龙钟老态），像是登高时需要保持身体平衡而猫腰的姿势。这类人一般性格较温柔、内向，有时会显得有些羞涩，比如遇到自己心动的异性时。他们大多为人谦虚，有良好的修养，男性往往显得有些书卷气，女性则多属于"大家闺秀"的类型。

这类人重感情，珍惜自己与朋友的友谊，即使性格显得比较内敛、淡然，表面沉默寡言，好像不太容易亲近，但一旦成为至交便会以诚相待。他们的缺点是遇到烦心的事情不喜欢倾诉，容易一个人生闷气，较之其他类型的人来说，感情上易受伤害。

◆ 走路时双臂在身后摆动

这类人性格一般比较强硬，自信心强，甚至有些自高自大，遇到事情不害怕不认怂，脾气上来天王老子的账也不买。他们喜欢指挥别人，反感别人对自己指手画脚、吆五喝六，潜意识里有领导别人的欲望，并且有一定的组织能力。这类人性格直率，虽然有时会显得有些霸道，但正义感强，具有"路见不平，拔刀相助"的侠士风范。

◆ 走路时双臂在身前摆动

这类人往往比较谨慎，胆小怕事，在强势的人面前容易显得唯唯诺诺。他们的心理承受能力一般比较弱，遇到事情会思前想后，甚至钻到牛角尖里就出不来，直至精神崩溃。但是需要警惕的是，有些人的这种姿态是假装的，这就比较危险了，因为这种人是故意在人前示弱，其实心思较为深重，需要加以防范。

◆ 走路时昂首挺胸

有些人走路时喜欢抬头挺胸，大踏步地往前走，看上去像是在充分展示自己的气魄和力量，有时会给人高傲的感觉。同时，他们往往衣着整洁，很注意自己的仪表，时刻让自己保持完美的形象。

这种人大多比较自信，不轻信他人，有较强的自尊心。他们思维敏捷，做事有条理，考虑问题也比较全面，组织能力强，是不错的组织者和领导者。但是，这种人的缺点也比较明显，那就是由于过分自信，有时会表现得自负甚至孤傲，不善人际交往，遇到自己难以解决的事情也不轻易求助于人，常是孤军奋战的状态，很多时候难以发挥自己的能力。

◆ 走路时以军事化步伐行进

我们大多数人平时走路的姿势是比较放松的，但有的人走路时却总是像军人在列队行走时一样严谨：腰板挺直，步伐整齐，双手有规律地摆动，眼睛平视前方。

这种人往往乐观、自信，有远见，有较强的意志力，对自己的目标、信念、理想等非常坚持和执着，不会轻易因外在事物的变化而变化。这种人如果能充分发挥自己的才能和长处，往往会取得理想的成绩，因为他们对待既定目标的那份执着是难能可贵的。但是，有的时候，他们那种不达目的誓不罢休、不撞南墙不回头的行事作风也很让人无奈，尤其是他们一旦钻进牛角尖的时候，会不惜牺牲任何东西，这是很可怕的。

◆ 走路时脚拖地

有些人走起路来好像受到的地球引力比别人大，脚总是抬不起来，鞋底和地面摩擦严重，同样的鞋子，假如别人能穿两个月，他一个月就能把鞋底磨坏。这类人一般心态比较消极，工作起来也是抱着"做一天和尚撞一天钟"的得过且过心理，缺乏主动性和开拓性。并且，这类人一般不具有突出的才能，属于墨守成规的类型，在挫折和打击面前很容易低头认怂。

总之，每个人在走路时都有自己的习惯和姿势，并且每个人的走路姿势都会有所不同，这不仅是由于身体上的差异，更重要的是由于个性的不同造成的。通常来说，一个人的走路姿势与其性格、心理等密切相关。要想从走路的姿势来判断一个人的内心，就需要多了解有关这方面的知识，并在日常生活中多观察，多思考，以使自己的判断更准确。

另外，值得提醒大家的是，良好的走路姿势不仅可以显示一个人的翩翩风度，而且有利于身体健康，所以我们对自己的步态也应该加以关注。大致说来，男性的步态应体现阳刚美，步伐适当地大一些、重一些，注意稳重、沉着；女性的步态应体现阴柔美，步伐适当地小一些、轻一些，注意轻盈、柔和。但无论男女，行走时都应该是自如、矫健、敏捷的。

4. 站立姿势是性格特征的体现

我们在成长的过程中，可能都受到过长辈们这样的教导——站有站相，坐有坐相。在传统礼仪中，这也是对一个人行为举止最基本的要求。尽管如此，人们的站相还是千姿百态、百人百相，每个人都有自己习惯的站立姿势。美国夏威夷大学的心理学家认为，一个人的站姿其实是由其性格特征决定的，可以说，站姿是性格的一面镜子。因此，我们在日常生活中，只要留心观察所接触到的人站立时的姿势，从中去探知其性格心理，往往是会有收获的。

◆ 站立时脊背挺直、目光平视

这种站姿的人一般较为友善，容易接近，并且喜欢主动和人交往。比如在学生时代，如果班里新转来一位同学，这种站姿的人往往会主动上前和其交谈，介绍班级情况等，如果性情投契，会很快和新同学成为朋友。他们的人际关系一般比较协调，给人一种性格随和、喜欢交际的印象。在日常生活中，这类人很少给别人出难题，一般会得到他人的信任。

◆ 站立时双腿分开、双手叉腰

双腿分开、双手叉腰的姿势在心理学上属于开放性姿势。所谓"开放性姿势"，就是指将四肢张开，让自己的身体占据更大的空间，反之则是"闭合性姿势"。心理学研究证实，"开放性姿势"能够展示动作人的力量，表现其内心的强大，比如，影视剧、舞台、卡通片中的超级英雄就常常做出这种经典的身体姿势。

在日常生活中，习惯这种站姿的人往往有一种使自己表现出优越感或威严感的愿望，也是心理上具有自信和优势的表现。这种站姿如果再加上挺胸、瞪眼睛等动作，就有恐吓他人的意味了。

◆ 站立时双手插入口袋

这种站姿的人往往城府较深，性格偏于内向、保守，遇到事情时不喜欢向别人倾诉，经常自己想办法解决。心理学家认为，当一个人摆出这种姿势时，往往代表了内心的封闭，是不表露心思、暗中策划的表现。比如，当两个人交流时，如果其中一个人将双手插进裤兜，并且时不时掏出来再插进去，就说明他可能已经不耐烦了，他不仅不同意对方的意见，而且也不打算尝试进行沟通。

习惯这种站姿的人性格一般比较谨慎，信奉"三思而后行"。他们的优点是对待工作、学习等踏实，对待感情认真，属于实干型人才；缺点是遇事总是思虑过重，缺乏主动性和灵活性，有时候看似在认真思考、权衡利弊，其实是内心不知如何是好，前怕狼，后怕虎，做起事来会反复犹豫，难下决断，甚至会因为犹豫不决失去很多不错的机会，事后悔之晚矣。

◆ 站立时将拇指放在裤兜里或紧扣皮带

这种姿势会将手放置于胯部，其实就是下意识对胯部的一种展示，表达了内心的自信。在美国西部片中，那些牛仔、硬汉往往会摆出这种姿势，展现自己的英雄气概。这种站姿的人做事认真，为人稳重，具有一定的领导才能。他们的缺点是固执、主观意识较重，往往听不进不同意见，很多时候对朋友的劝告也会置之不理，属于"八头牛也拉不回来"的类型。

◆ 站立时双腿并拢或自然站立

这种站姿的人与别人相处一般比较融洽，当朋友对其有请求时，他们往往会尽力而为，很少拒绝别人。并且，这类人经常不吝啬对别人的赞扬，虽然有时会有"拍马屁"的意思，但一般会使对方感到高兴，因为很少有人会反感别人对自己的赞美。

在心理学上，这种站姿代表着服从。站立时习惯这种姿势的人性格特点是奉公守法、尊重权威、有责任感，但在工作中，他们往往缺乏开拓、创新精神。

◆ 站立时双腿微微分开，偶尔抖动

一般来讲，抖腿是紧张或者不满的表现。肢体轻微的颤抖可以产生微弱的刺激，这种刺激传导到大脑，有缓解精神紧张的作用。由于礼仪、掩饰等需要，人们对自己的肢体语言会有所控制，并且主要表现在对面部表情、上肢及手部动作的控制上，所以自己的紧张情绪需要缓解，同时又需要隐藏时，大多数人会不由自主地抖动腿部。

当我们和一个人交谈时，如果发现对方有不断抖腿的动作，就很可能说明他的内心感到紧张不安了，这时候应该反思一下是不是交谈的内容触碰到了对方的禁忌。

◆ 站立时单腿直立

有的人站立时一条腿直立，另一条腿弯曲，或者与直立的腿交叉。当人们以这种姿势站立时，主要靠直立的腿支撑体重，身体的重心也自然放在了这一侧的臀部和腿上，另一条腿也就得到了休息。这是一种看似随意、轻松，但其实是一种持有保留态度或有轻微的拒绝态度的站姿。如果一个人经常采用这种姿势站立，就说明其性格比较内向、腼腆，对陌生的环境或者不熟悉的人适应能力较差。

◆ 站立时弯腰曲背

这是一种封闭性站姿，表现出消极、自我防卫等倾向。这种

站姿的人精神上往往处于劣势，是颓废、压抑、不自信、惶恐不安的表现。这种站姿如果再与双手插入口袋或抄手等动作相配合，则是一个人心情沮丧、苦恼的表现。

◆ 站立时习惯倚靠着其他物体

有的人站立时总是喜欢倚靠一个什么物体，比如桌子、墙壁或者其他人等。这类人一般性格直率，属于心直口快的类型，有什么事不会藏着掖着，相处起来比较容易。他们的缺点是缺乏独立性，有些明明可以自己独立完成的事情也要求助于别人，并且在学习和工作中喜欢找捷径，不够踏实。

总之，良好的站立姿势可以显示一个人良好的精神状态和高雅的气质，简单的站立动作还会无意识地流露出一个人的真实内心状态，可以成为我们认识他人的有效途径。认真观察一个人的站姿，可以从中看出他是一个什么类型的人。

5. 坐者百相，坐姿显性

相对于行走、站立来说，人们在坐下的时候一般会处于一种比较放松的状态。在前面的章节中我们已经了解到，人在放松的状态下肢体语言往往会更真实地反映其个性和心理秘密，因此，如果我们想更多地了解一个人，不妨注意观察他在日常生活中的坐姿，分析其中透露出的信息，从而对其性格特征、心理活动等做出判断。

和行走姿势、站立姿势一样，坐姿也属于生活习惯，每个人都有自己独特的坐姿，人们的坐姿各种各样、千姿百态，大致说来可以分为以下几种类型：

◆ 正襟危坐

"正襟危坐"这个成语出自《史记·日者列传》："宋忠、贾谊瞿然而悟，猎缨正襟危坐。"意思是整理好衣服，端正地坐着，形容严肃或拘谨的样子。这种坐姿会让双腿以及两脚的脚跟并拢靠在一起，整个脚掌着地，双手分别放在双腿上。在正式场合，这种坐姿比较常见，一来是礼仪、仪表等的需要，二来也因为这种坐姿代表着保守、戒备、紧张等心态。从生理角度讲，这种心态会使腿部肌肉处于紧绷的状态，于是双腿会自然并拢。

如果一个人在日常生活中也经常正襟危坐，就说明他的自制能力比较强，为人真挚诚恳、性格直率，对待朋友热心肠，会有比较好的人缘。习惯正襟危坐的人做事情时会提前制订计划，一旦做起来会显得有条不紊，但是有的时候，由于他们过于遵循计划、追求完美，难免会显得呆板。同时，他们不喜欢冒险，缺乏足够的创新与灵活性。

◆ 跷二郎腿

所谓"跷二郎腿"，是指人们在坐下的时候一条腿自然放在地上，另一条腿的大腿自然搭叠在放在地上的这条腿上。

这种坐姿代表一种放松的状态，很多人在休闲的时候，比如读书看报、喝茶、喝咖啡时喜欢跷起二郎腿，因为这样会使人比较轻松和舒服。在日常生活中，尤其是在和朋友相处时喜欢跷二郎腿的人，一般比较率直、开朗、不拘小节，他们热爱生活，也懂得如何生活和享受生活，能很好掌握待人处世的分寸，妥善处理周围的人际关系，得到朋友的喜爱和好评。

◆ **架二郎腿**

"架二郎腿"和"跷二郎腿"的区别在于，虽然同样是双腿交叠的坐姿，但前者是将一条腿的小腿部位搭在另一条腿上，有的地方也将其形象地称之为"4字腿"，而后者则是将一条腿的大腿部位叠放在另一条腿上。

和"跷二郎腿"代表的是轻松、休闲不同，"架二郎腿"这种坐姿是比较夸张的，双腿的姿势是扩张的趋势，其实是在释放自己的能量和自信。当一个人和别人交谈时，如果下意识地摆出了这种姿势，就说明他可能准备和对方展开一番争论，并且有信心战胜对方。但是这种姿势一般会被认为不太礼貌，如果是在上级面前或者和客户谈判时，这种坐姿会被对方认为是傲慢、自负的表现，容易引起对方的反感。

红色样板戏《智取威虎山》中，侦察英雄杨子荣初上威虎山，第一次见到匪首座山雕时，座山雕便是架着二郎腿端坐在老虎椅上。杨子荣凭借丰富的斗争经验，判断出座山雕是在虚张声势，意图探出自己的来路和虚实。这其实是他们之间打的一场心理战，由于杨子荣判断正确，从容面对，很快取得了座山雕的信任，成功打入敌人内部。

◆ 双膝并拢，小腿随脚跟分开呈"八"字状

这种坐姿是一种比较保守的姿势，一般代表动作人内心比较传统、羞怯。习惯这种坐姿的人有时还会把两只手掌相对合十，放在两个膝盖之间，这就说明此时他的内心正处于一种非常害羞、敏感的状态，也许别人无意间的一句话就会使他面红耳赤，也会使别人感到莫名其妙。

这种人一般会比较固守很久以前的观念，甚至可以算作保守型的代表。在工作中，他们容易沉浸在过去的成功经验中，因循守旧，缺乏开拓精神和冒险精神。

◆ 双腿分开而坐，距离较宽

这种坐姿的人双手往往没有固定的放置处，与人交谈时会伴随比较频繁的手势，这些都说明动作人处于一种比较开放的状态，他们一般喜欢求新、求异，甚至会成为都市时尚潮流的"前行者"。

这类人性格往往比较外向，喜欢与人交往，有比较好的人缘。他们有指挥、支配他人的欲望，具有敢打敢拼的精神，但有时会表现得过于自信，甚至自负，听不进别人不同的意见，对朋友的劝告也常常置若罔闻，显得自以为是。

◆ 脚踝部交叉而坐

一个人将脚踝部位交叠，其实和双臂交叉一样，都属于保护

性动作。这种坐姿是一种控制消极思维的外在表现，所谓"控制消极思维"，就是指动作人在控制自己的情感，主要是紧张情绪和恐惧心理，代表着内心的警惕和防范。如果一个人在和别人交谈时双腿脚踝交叉，同时上半部分身体挺直，很可能就是对交谈的内容产生了怀疑和防范。

◆ 大腿部位分开，两脚跟并拢

这种坐姿的人一般比较有勇气和决断力，属于雷厉风行的性格，一旦决定了事情，会很快投入实际行动。他们对新生事物具有比较强烈的好奇心和好感，会积极主动地追求，有活力，有担当。在学习和工作中，这种人比较踏实、认真，即使能力有所欠缺，也会不断为自己的既定目标努力。

◆ 半躺而坐，双手抱于脑后

这是一种比较悠闲的坐姿，一看就是一副怡然自得、自得其乐的样子。喜欢这种坐姿的人性格随和，属于所谓的情商比较高的人，懂得和善于控制自己的情绪，只要不是大是大非的问题，他们一般不会跟人较真，和朋友相处较融洽，能够得到大家的信赖。

这种人热爱生活，充满朝气和正能量，适应能力也比较强，对自己喜欢的事情会比较执着地追求，往往能够在某些方面取得成功。但是，他们对待金钱的态度往往有些过于随意，理财能力不强，有时难免会因此吃亏。

总之，看似简单、随意的坐姿绝不仅仅只有"坐下"这一个功能，每个人的坐姿以及落座后其他的身体动作，往往反映着其内心的波动及性格特征。如果我们对各种坐姿所传递出的信息有了一定的了解，并在人际交往的过程中注意观察、认真分析，便无疑是多掌握了一把通向成功交际的钥匙！

第三章
留心日常习惯——无处可藏的真实性格

1. 生活习惯透露情绪和性格

　　每个人都有自己的生活习惯，几乎没有哪两个人的习惯会一模一样，即使看似几乎相同的习惯，也会有细微的差别。而这些生活习惯大都是长期形成、自然流露的，恰恰可以体现出每个人心理状态的不同，最能反映出一个人的性格和爱好。

　　美国著名牧师华理克曾说："性格是习惯的总和，是习惯性的表现。"每个人习惯的养成都不是一朝一夕的事情，稳定下来更是需要很长的时间，因此，一个人有着什么样的习惯，不仅能反映出他的心理状况，而且还能体现他的性格。在人际交往时，要想对别人多几分了解，就要注意观察其日常的行为习惯，以便能够与其更好地沟通和交流。

　　日常生活中常见的行为有很多，如打电话、开车、敲门等，而人们在做这些日常行为时往往防范意识比较薄弱，正是我们观察其微反应的大好时机。下面我们就人们在这些常见的行为中所表现出的不同习惯做一下简要的介绍。

◆ 打电话（手机）时的习惯

在电子科技日益发达的今天，电话、手机已经是我们必备的交流工具，一个人接打电话时的表现和习惯往往会暴露出很多信息。

当一个人接打电话时，如果神情显得比较轻松，身体姿势也比较随意，那么所谈的内容一般不会是什么紧要之事；如果他显得神情专注、身体姿势也比较拘谨，很可能是正在和对方谈一件比较重要的事情，或者电话那端是令他敬畏的人。

很多影视剧中有这样的画面：电话铃响起，一个国民党将领很随意地拎起话筒，懒洋洋地"喂"了一声，没想到话筒里传出的是蒋介石的声音，这时，这位将领就会像被启动了某个开关的机器人，迅速立正，身体挺直，声音也变得响亮有力。

如果一个人无论在跟谁通话，也不论所说的是什么事情，都是一副宠辱不惊的样子，没有什么明显的区别，要么这是一个城府颇深、精明干练的人，要么就是一个性情散漫、对外界之事没有太多在意，假如能回到古代很可能就去做隐士的人。不论是二者中的哪一种，这样的人内心都比较强大。

人们在接打电话的时候，往往同时会做一些动作，有的随手在纸上涂鸦，有的摆弄一下随手能拿到的小物品，这说明交谈的内容比较轻松。如果谈话内容比较重要或者比较费解，人们就会全神贯注于谈话，而停止身体的其他动作。

　　如果一个人接打电话时，不时地做出抖腿、搓揉手指等动作，透露的往往是无聊的情绪，他已经对这通电话感到不耐烦了，只是暂时还没好意思挂断。

　　如果一个人的手机响起，他看着屏幕上显示的名字显得很迟疑，就说明来电话者可能给他或他身边的人带来了尴尬。

◆ 开车时的习惯

　　现在，汽车的普及率越来越高，很多人都成了有车一族，而每个人驾车的习惯都会有所不同，有的喜欢开快车，有的喜欢开慢车，有的总是守规则行驶，有的则看见个缝隙就试图往前钻……不同的开车方式往往反映出驾车人不同的个性，只要认真观察，就能从中发现不少东西。

　　通常情况下，喜欢按照规定车速开车的人性格比较保守，很少做出格的事情，做事情比较有条理，善始善终。他们待人也比较厚道，一旦答应了别人就会想办法做到，很少失信，属于"一诺千金"型的人。但是，他们的性格中也存在弱点，就是缺乏冒险精神，甚至显得墨守成规，有时，明明很有胜算的事情也会由于他们的迟疑不决而错失良机。

　　喜欢开慢车的人一般比较懦弱，缺乏自信，凡事喜欢求"稳"，这本无可厚非，但他们往往会"稳"得过了头，急性子的人和他们一起做事会感到很痛苦。但要想改变他们也并不容易，因为他们往往会以自己的沉稳、精细为荣，甚至还经常笑话别人轻浮、粗糙。

喜欢开快车的人性格一般比较强硬，自我意识强，小时候会显得比较叛逆，是那种从小就喜欢自己拿主意的人。他们对生活的态度通常比较积极、乐观，对朋友比较热心，当朋友遇到麻烦时，只要他们能帮得上忙，一般都会不遗余力。

驾车者等红绿灯时的表现也往往能反映出他们的性格：有的提前就会做好准备，绿灯一亮，他的车就会马上启动，这样的人往往头脑灵活、反应敏捷、具有竞争意识；有的绿灯亮了后还会再磨蹭一会儿，非等后面的车摁喇叭催促才慢吞吞地往前开，这样的人通常性情内敛，小心谨慎，办起事情来瞻前顾后，夸张点就是老话经常说的"天上掉片树叶都怕砸了脑袋"。

值得提醒大家的是，很多人开车上路时性情会变得比平时暴躁，也就是所谓的"路怒族"。近几年，由于开车不冷静而酿出祸端的案例屡见不鲜，如果发现自己有"路见不平"便怒从心生的迹象，就要及时进行自我调节，冷静、理性地控制行车时的情绪，这既是文明行车的需要，更是自身安全的保证。

◆ 敲门时的习惯

"酒困路长惟欲睡，日高人渴漫思茶。敲门试问野人家。"敲门是日常生活中经常发生的一件事情，我们到别人的家里、办公室等地方去时，首先会敲门，这既是一种询问主人是否在屋里的表示，也是一种礼貌。通常情况下，不同的人敲门的方式千差万别，即使是同一个人，在不同的情况下，也会用不同的方式敲门。因此，从一个人的敲门方式，或门外传来的敲击声的不同，就能判断出敲门人的情绪、性格以及所处的情境等。

一般说来，敲门声音响亮、节奏感较强的人比较自信，做事比较果断；敲门声音微弱、迟疑不决的人比较消极和被动，在与人交往时顾虑较多，有时别人一句随意的话他也许就要琢磨上半天。当然，敲门的方式往往还和敲门者与屋主人的关系有关，比如，当我们去一个熟悉的朋友家时，敲门的时候往往会比较随意，有时会一边用力敲门一边喊他的名字；但是当我们去领导的办公室时，敲起门来就会轻柔得多，有时还会比较拘谨。

大部分人敲门时习惯连续敲击三下或四下就停下来，听一听屋内的回应。有的人只敲一次，得不到回应就转身走开，这样的人性格一般比较怯懦，或者屋主人是他敬畏或抵触的，这次上门对于他来说本来就比较勉强，轻敲几下房门得不到应答正好可以交差了。

一般来说，敲门时敲上两三遍屋内没有应答就说明没人或者主人故意不吭声，大部分人就不会继续敲下去。如果一个人敲门时显得颇为坚持，不停地敲，要么是他性格比较固执，要么是他知道对方在故意躲避自己。

大多数的人会用指关节或指尖敲门，这样发出的声音清脆、穿透力强，并且音量适中，不至于给主人造成惊扰。但是也有人在敲门的时候会用手掌大力拍打，这样发出的声音沉闷、音量大、杂音大、穿透力差，很容易惊扰到主人。往好的说，习惯这种方式敲门的人性格较大大咧咧，不拘小节；往差的说，这种敲门方式就是没礼貌、没教养的表现。

最严重的一种情况已经不能算是"敲门"，而是用拳头或手持硬物砸门，甚至拳脚同时用上。这种情况超越了"不礼貌"的范畴，一般是来者不善，充满了挑衅，至少也是居高临下、看不起屋主人的表现。万一遇到这样的情况，不要轻易开门，要抓紧时间弄清到底出了什么状况，如有必要就及时向外界求助。

2. 从吃相观心相

俗话说：民以食为天。吃饭是日常生活中最常见的事情，在"衣食住行"这四种人类最基本的生活行为中，"食"无疑是最重要的，因为进食是生存的最基本需求。有一句话说得很诙谐："人在吃饱之前，只有一个烦恼；在吃饱了之后，才会有无数个烦恼。"这是用调侃的语言说出了要想生存就需要首先解决"吃"的问题。

既然"吃饭"是每个人都必须要做的事情，那么每个人也都会有自己的"吃相"，也就是在吃饭时表现出的形态。在我国的传统文化中，"吃相"非常重要，很多人在幼年时便被长辈耳提面命地教导要"吃有吃相"，良好的吃相是一个人文明程度和修养的体现。

每个人都有自己的'吃相"，不同的吃相往往反映着不同的心理、性格、处境，以及贫富程度等。通过一个人的吃相确实能了解一些他内心深处的秘密。

鲁迅先生所著的小说《孔乙己》，开篇便描写了不同阶层的人在"吃喝"这件最普通的事情上表现出的不同：

鲁镇的酒店的格局，是和别处不同的：都是当街一个曲尺形的大柜台，柜里面预备着热水，可以随时温酒。做工的人，傍午傍晚散了工，每每花四文铜钱，买一碗酒——这是二十多年前的事，现在每碗要涨到十文——靠柜外站着，热热的喝了休息；倘肯多花一文，便可以买一碟盐煮笋，或者茴香豆，做下酒物了；如果出到十几文，那就能买一样荤菜，但这些顾客，多是短衣帮，大抵没有这样阔绰。只有穿长衫的，才踱进店面隔壁的房子里，要酒要菜，慢慢地坐喝。

在现代社会，"吃饭"在很多时候已经不仅仅是维持生存、满足口腹之欲这么单纯，很多人喜欢在饭桌上联络感情。我们在表示对他人的感谢或表示关系的亲近时，往往会说"我请你吃饭"。人们在吃饭应酬、觥筹交错的时候，往往也是心理防御意识最低的时候，往往会透露出自己的真实性格。也就是说，如果我们想要对他人有更多的了解，最好不要错过这种良机。

"吃相"可以分为很多种，以速度的快慢为标准来区分的话，可以分为"狼吞虎咽型"和"细嚼慢咽型"。

"狼吞虎咽"的吃饭方式曾经很不为人称道，甚至被视为底层人物的专利，因为只有那些饥肠辘辘的"劳力者"才会狼吞虎咽、风卷残云般地进食，不管味道如何，只管把肚子填饱就行；而地位高、有身份的人讲究的是进食的过程，只有细嚼慢咽才能品出美食中的玄妙与精髓。

金庸先生所著的长篇武侠小说《射雕英雄传》中，黄蓉为了让丐帮帮主洪七公传授郭靖绝技"降龙十八掌"，每天换着花样给洪七公做各种美食。洪七公在品尝美食的时候，总是闭上眼睛，细细品味舌尖上变幻莫测的味道。但是，郭靖这个在茫茫大草原上长大的傻小子哪里懂得这些，何况长时间的练功消耗了他大量的体力，好容易等洪七公酒足饭饱，郭靖便将剩下的饭菜一股脑吃进肚子，每每惹得洪七公摇头叹息："牛嚼牡丹，牛嚼牡丹。"

当今，吃饭速度快慢的区别还比较普遍，而这种区别主要是由性格不同引起的。

◆ 吃饭速度较快

如果一个人吃饭速度较快，并且不是急着要去处理事情而抓紧时间的偶尔状态，而是习惯性的常态，那么往往说明他比较重视办事效率和事情的结果，执行力强，做事果断、坚决，总是希望在最短的时间内将事情做完、做好。

◆ 吃饭速度较慢或过慢

如果一个人吃饭喜欢细嚼慢咽，速度较慢或过慢，就说明他是慢性子的人。不仅是吃饭，他们干其他的事情也总是显得慢悠悠的，有时甚至慢得让别人着急，无论别人再怎么催促，还是按照自己的速度缓慢而又悠然地去做，用他们自己的话说，就是"快不上来"。这种人也有比较明显的优点，他们做事稳重、细致，很少冲动，并且会生活、懂享受，做事有条不紊，善于劳逸结合。

除了吃饭速度不同外，人们在吃饭时还有许多不同的特点，下面我们分别做一下简要介绍。

◆ 吃饭时容易发出响声

有的人吃饭时容易发出响声，就是通常所说的"吧唧嘴"，无论在传统礼仪还是现代礼仪中，这都是不礼貌、无教养的表现，是会被"文明人"所耻笑的。

电视剧《父母爱情》中，郭涛饰演的海军军官江德福出身农村，喜欢上了资本家小姐安杰。江德福第一次和安杰家人吃西餐时，嘴里发出的明显的"吧唧吧唧"声就遭到了安杰的姐夫、富家公子欧阳懿的侧目和不屑。

如果一个人成长环境不佳，小时候没有受到良好的引导，最初接触集体环境，吃饭有这种行为其实无可厚非。但是，如果长期意识不到这个问题，甚至别人提醒后也不注意纠正，就说明缺乏自我管理的意识和能力。

◆ 吃饭时喜欢东张西望

有的人吃饭时喜欢东张西望，这类人往往生性多疑，喜欢猜忌别人；往往在细节上和人纠缠不清，一点点小事非要求对方说明白，常常因此和他人发生争执。他们的情绪还往往不太稳定，容易冲动，有时会莫名其妙地突然发飙。总之，这样的人不太容易相处。当然，如果一个人吃饭时四处张望是因为周围的环境发生了什么比较惊奇或好玩的事情，就另当别论了。

◆ 吃饭时夹菜方式不同

如果吃饭时人数较多，点的菜种类也比较多，就可以根据一个人夹菜的方式来判断他的性格了。

有的人喜欢把各种菜盛到自己碗里混合着吃，这样的人往往不太拘泥于小节，对一些细微的事物不太敏感，因为不同的菜肴味道是不同的，混合起来会彼此影响，讲究的人甚至会认为这样会"变味"，只有性格比较大大咧咧的人才不在意这些。有的人总是吃完一样菜才去夹下一道，并且喜欢经常清理自己的餐具，这样的人往往比较有条理，做起事情来有条不紊，不容易受外界干扰。有的人一见到上了一道好吃的菜马上就去夹一筷子，如果自己的餐具里还有没吃完的菜就干脆清理掉，这样的人往往欲望比较多，并且他们自己也不觉得有什么不妥，因此也不加掩饰，这类人抵抗诱惑的能力比较差，原则性不强。

3. 觥筹交错间显露真性情

我国有句古话：无酒不成席。确实，无论是亲朋好友间的欢聚，还是工作上的应酬，往往都不会只是"纯吃饭"，席间大家通常会喝点酒来助兴。有人曾调侃说：每一场喝多了的酒局中，总会有人勾肩搭背、称兄道弟，口齿不清地表达着两肋插刀的忠肝义胆，以及"苟富贵，勿相忘"的承诺，虽然酒局散后，很多人之间的关系就只是朋友圈里的求投票、求点赞。

不过，调侃归调侃，很多时候，喝酒还是避免不了的。古人说：小醉怡情，大醉伤身。现代医学也证明，适度饮酒有益身心健康。其实喝酒本身无可厚非，关键是要掌握好度。既然喝酒非常常见，我们就可以留意观察别人在喝酒时的种种微反应，从而加深对他的了解。具体来说，可以从以下两个方面来进行观察：

◆ **饭局及喝酒时的细节**

在现代社会，几乎每个人都少不了会有大大小小的饭局。通过一个人在饭局上的种种行为，我们往往可以读懂他的情绪、心态、性格等许多"心灵暗语"。

英国伦敦大学心理学家格伦·威尔逊教授及其团队曾对人们在饭局中的表现及其与性格之间的关系做过一些研究，他发现，人们在喝酒时的表现大致可分为以下几种类型：

（1）表现自我型：这类人喜欢一边喝酒，一边玩弄酒杯，如果喝的是啤酒，就将其摇得泡沫四溢。他们一般有较强的表现欲，兴趣爱好比较广泛，但深入学习和研究的并不多，属于传说中"样样通，但样样不精"的类型。他们喜欢结交更多的朋友，在酒桌上一般发言踊跃，有点滔滔不绝、口若悬河的意味，并且话题转换较快，在场的任何人说话他们都能接上话茬。如果饭局不止一桌，他们往往还会举着酒杯到处走，到这个酒桌上敬敬酒，再到那张桌上碰碰杯。

（2）自我吹嘘型：有的人喜欢在饭桌上炫耀自己的酒量，他们的话题往往也是以自我吹嘘为主题，自己曾做过的芝麻大的事情，至少要说成个苹果，甚至要说成西瓜。这一类人通常有些虚荣，饭局上表现出的"得意忘形"往往出于其炫耀心理，是一种不理智的表现。在日常生活中，这类人自尊心往往过强，有的甚至达到偏执的程度，并且缺乏自我控制力，容易与他人起争执。

（3）自如应对型：有的人在饭局上表现得不张扬但也不拘谨，大大方方，应对自如，还不忘时时关照一下邻座的人。这类人往往成熟练达，见多识广，并且性情宽厚，对别人的小过失不会过多计较，当有人向自己求助时也愿意伸出援助之手，是值得深交的朋友。在工作中，这类人往往愿意提携新人，具有长者风范。

（4）躲避退让型：有的人在饭局上表现得比较拘谨，把酒杯藏在不显眼的位置，或者紧紧抓在手里，生怕别人给自己倒酒。这样的人通常防备心理较重，内心比较孤独寂寞，有时他们也希望能融入别人的圈子，但又不习惯和他人过多交往，同时还担心如果被别人拒绝会伤害自尊心。

◆ 酒后的表现

老北京人有句俗话"喝酒散德行"，意思是说，人们在醉酒的情况下，就会失去自我控制的能力，把自己真实的"德行"给"散"出来。也就是说，除了人们在饭局、酒桌上的种种表现以外，酒后的各种表现也往往会显露一个人真实的性格、品行、教养等。

精神分析学派的创始人西格蒙得·弗洛伊德认为，人同时具有显意识和潜意识，在清醒的状态下，显意识控制大脑，人的表现就会比较理性和克制；而当人过量饮酒后，酒精会麻醉神经，潜意识就占据了上风，就会表现出不理性行为。这也是有些人喝完酒和不喝酒时判若两人的原因。

一个人的人品体现在文化、教养等多个方面，如果一个人从小接受到良好的教育，潜意识中是好的、善良的东西，即使醉酒后缺乏理性的显意识控制，表现出的也会是好人品、好形象；但是如果一个人潜意识中是坏的、丑恶的东西，醉酒后表现出的也就只能是坏人品、坏形象了。

通常情况下，人们在醉酒后无外乎以下几种表现：

（1）酒后即睡型：有的人喝完酒后就会去安安静静地睡觉、休息，不多说话也不多走动，总之不打扰别人。这种类型的人性格一般较随和、宽容，很少在小事上与别人起争执，人缘比较好，但他们也不太喜欢主动与别人交流。这类人生活往往比较安宁，成长过程中也没有经受过大的磨难与挫折，他们对自己的生活现状也比较满意，对未来也没有太大的憧憬和设想，信奉知足常乐的人生信条，心态平和，随遇而安。

（2）酒后"话痨"型：有的人喝完酒后会变得特别健谈，上知天文下知地理，远大理想、胸中抱负几乎无所不谈，颇有点世事洞明、人情练达的味道。然而在现实生活中，他们往往和酒桌上判若两人，性格内敛，很少表现自己。他们往往以"怀才不遇"自居，会借着酒劲儿把自己平时想说但没说的话说个痛快。这类人中有的怀有强烈的进取心，并且一直在为自己的抱负默默努力着。

（3）酒后快乐型：有的人喝完酒后会显得非常愉快，说说笑笑，有时还会唱上一曲、舞上一段。这种类型的人一般是乐观主义者，性格较为开朗，为人随和，不拘小节，并且往往比较幽默，很受朋友们的欢迎。他们对待生活的态度往往比较积极，对未来充满信心。

（4）酒后伤心型：有的人喝完酒后会显得特别伤心，好像一顿酒能勾起他所有的伤心往事，含蓄点的会默默流泪、郁郁寡欢，奔放点的甚至会痛哭流涕，恨不得见人就痛诉一番自己的"革命家史"。这类人一般比较内向，心思细腻，平时生活得较为压抑，因而无论在什么场合喝酒，对于他们来说都可能会成为"借酒消愁"。

（5）酒后愤怒型：有的人喝完酒后会变得好像彻底失去了理智，瞧谁都不顺眼。这类人一般脾气暴躁，做事鲁莽，容易感情用事，在现实生活中会遇到许多不如意的地方，但又不善于从自身找原因，总觉得生活对自己不公平，心理不平衡。他们对未来也缺乏信心，但由于怕说出来会被别人瞧不起，就一直忍着、强撑着，酒后失去理智的控制，便会一股脑地把所有的不顺心发泄出来。

4. 运动爱好与性格有密切关系

研究表明，每个人都有不同的运动爱好，这与每个人的性格有很大的关系。法国思想家伏尔泰曾说："生命在于运动。"只有通过运动，人们才会有健康的身体，同时，还包括心理健康。

而对不同项目的偏好与一个人的个性心理有着密不可分的关系。比如，喜欢打高尔夫球的人经济实力雄厚，比较注重外在形象，思维开阔；喜欢滑雪、冲浪等刺激运动项目的人有冒险精神，喜欢充满挑战的生活；喜欢做瑜伽的人大多向往安定的生活。

可见，不同的运动爱好对应着不同的性格。除此之外，还有哪些运动爱好能够帮助我们洞察他人的真实个性呢？

◆ 喜欢游泳

心理专家分析，喜欢游泳的人性格比较内向，而且有些孤僻，不善于交往，因此朋友非常少。虽然他们有某种才能，但在他人的眼中却难以接近。另外，这类人还有些逃避现实。不过，他们有很强的自信心，懂得自律，也懂得如何放松自己。

◆ 喜欢跳舞

众所周知，这种运动不仅要有视觉上的美感，还要有足够的耐力来坚持。对此，心理专家分析，喜欢跳舞的人不仅肢体反应灵敏，还有很强的忍耐力，因此这类人不排斥那些繁重而又乏味的工作，总会用自己的耐心将其完成。他们有丰富的想象力，但有时他们的想法有些不切实际。

◆ 喜欢球类运动

不管是篮球、排球，还是足球，这些球类运动都是有组织的运动。这表明喜欢球类运动的人懂得与他人友好地合作。不过，不同的人喜欢不同种类的球类运动，其性格也是截然不同的。

心理专家分析，喜欢打篮球的人性格坚强，一旦有了目标就会坚持不懈地努力，即使遇到困难和挫折，也不会轻言放弃，不达目的决不罢休；喜欢打网球的人性格独立，有敏锐的观察力，并有强烈的竞争意识和好胜心；喜欢打排球的人不拘小节，不喜欢与他人斤斤计较，而且他们做事一般注重过程而不是结果；喜欢踢足球的人积极乐观，对某些事拿得起放得下，但也有些人脾气暴躁，缺乏理性，有很强的攻击性。

◆ 喜欢散步

心理专家分析，喜欢散步的人不畏惧困难和挫折，对自己非常有信心。他们秉承"细水长流"的理念来生活，心态平和，特别有耐心。

◆ 喜欢户外运动

户外运动是指徒步、爬山、骑马等运动。心理专家分析，喜欢户外运动的人比较乐观、自信，崇尚自由和无拘无束的生活，对生活的掌控力比较强。

◆ 喜欢在俱乐部或体育馆运动

心理专家分析，喜欢在这类场所中运动并希望有人陪伴他们一起运动的人性格外向，喜欢热闹，善于交际。这类人在遇到困难和挫折时，只要有人陪伴在其左右，就会坚持到底。

　　而喜欢在私人场所中运动锻炼的人个性坚强，做事沉稳，喜欢独自面对问题和解决问题，如果有人在未经他们允许的情况下提供帮助，还会颇有微词。

5. 笔迹流露出的性格特征

　　研究表明，笔迹分析其实就是"心理实录"，通过简单的笔迹就能够分析出一个人的性格特征，因为不同的人书写的笔迹也大不相同。心理专家表示，在侦破一些案件的过程中，笔迹分析是比较有价值的线索，对案件的调查有实质性的帮助。

　　心理专家表示，字如其人，根据一个人的笔迹就能判断其内心活动和性格特征。比如，字体比较小且结构不稳定，表明此人心胸狭隘；字迹棱角分明，则表明此人做事意志比较坚定；字迹圆滑，表明此人性格比较随和，办事稳妥。

　　可见，通过笔迹能够准确地看出书写人的性格特征。那么，还有哪些类型的字迹能够反映出书写人的内在心理和性格呢？在此，我们就与心理专家一起来探究下。

　　◆ 书写的字体比较大

　　习惯写大字的人性格属于外向型，比较直爽，有很强的表现欲，喜欢引起他人的注意；与人相处时，往往以自我为中心，不太考虑他人的感受和想法；另外，与他人交谈时，不会耐心地听完他人的话，还会经常打断对方。因此，在他人眼中，这类人往往不太礼貌。

◆ 书写的字体比较小

习惯写小字的人性格比较内向，性情温和，不喜欢争强好胜，也不爱出风头；心思细腻，比较注意细节。他们不愿将自己的真情实感表露出来，即使是自己不喜欢的人，也能很好地隐藏自己的厌恶情绪，并与之和平相处。但是，由于不愿将自己的个人情感表露出来，因此，这类人时常会感到焦虑。

此外，在处理问题上，他们比较缺少主动性，喜欢依赖他人。心理专家分析，这可能与其生长的环境和经历有关——从小就缺乏独立自主精神的培养。

◆ 字迹较为工整

书写工整的人自制力比较强，通常不会被情绪所左右；喜欢独立思考，擅长以清晰的思路来分析和判断问题；对待工作非常认真，能够出色地完成领导交给的任务。而在日常生活中，他们往往比较节制，不会乱花钱去买那些没有实际价值的物品。

一场应聘会中，某公司的面试非常简单，只需随意写一段话即可。因此，很多人都跃跃欲试。可最终，面试官挑选了一个书写比较工整的人作为公司的员工。面试官的眼光非常精准，选择的那个人在工作中表现得非常出色，不仅做事认真，而且忠于职守。每次领导指派的任务他都能够保质保量地完成。

◆ 字体书写方正

习惯书写方正字体的人为人比较正直，心地善良且热心肠；处理事情力求公平、公正。在日常生活中，这类人比较随和，喜欢快乐地享受当下的生活。

◆ 书写时刻意一笔一画

书写时刻意一笔一画的人往往看起来比较有内涵和修养，实则是一个虚伪的人。他们刻意地一笔一画书写，其实是在掩饰自己内在的空虚。这类人多半没有什么文化内涵，但总喜欢借用名人或伟人的话，以此炫耀自己的博学，实际上是他们缺乏自信的表现。

除了书写的字体外，通过书写的结构和速度，也能够判断一个人的性格特征。心理专家分析，字体结构严谨且书写比较规范、工整的人，性格较为稳重，考虑事情比较全面，做事认真、有规划；而字体结构比较松散且缺少章法的人则粗心大意，自由散漫，并且自我控制力比较弱；而书写速度缓慢的人做事比较小心谨慎；书写速度较快的人则善于观察，但做事没有恒心，容易半途而废。

第四章

言为心声——解析言谈间的"小九九"

1. 话语间的感情色彩

每个人都有自己特有的说话方式，语气是其中的一项重要因素。所谓"语气"，简单点说，是指人们在说话时使用的口气。语气往往具有较为明显的感情色彩，一个人用什么样的语气说话，往往可以直接表达出他对正在谈论的人或事情的态度和看法。

我们可以做一个实验，试着用不同的语气（比如肯定的语气、质疑的语气、赞扬的语气、不屑的语气等）说同一句话或同一个词，这样会很容易发现，即使内容完全一样，用不同的语气去表达也会有完全不同的效果。因此有人说，如果想了解一个人的心理状态和性格特点，其实并不需要听他所说的内容，单单留意一下他说话的语气，就能从中判断个八九不离十。

从心理学的角度讲，这种说法有一定的道理。一个人说话时的语气，常常充满了个人情感，传达出他说话时的情绪，我们可以从他的语气中感受到他的心情是快乐还是悲伤、是愤怒还是喜悦。比如，当一个人心情愉悦时，说话的语气便会上扬，话语间充满了快乐的气氛，一副人逢喜事精神爽的状态；当一个人感到悲伤时，语气中便会充满了无助感，失去了平日的沉稳和淡定；当一个人感到无所谓时，语气会显得冷淡而平静，从中感受不到一点温度，这是"事不关己，高高挂起"的表现。

在央视一套推出的大型励志挑战节目《挑战不可能》中，四川大学心理学教授王英梅老师凭借"听音识人"的绝技挑战成功。在挑战现场，评委从观众中随机挑选了10人让其分别藏在10扇门后，再从中选出3人让他们与王老师对话。王老师在完全没有看到这些准备工作的前提下，仅凭他们说话时的声音和三个问题，就从10个人的照片中找出了和她对话的人，顺利完成挑战。

据王英梅老师介绍，"听音识人"并非魔术、异能，而是在心理学的研究基础上，通过系统的逻辑思维和科学的判断体系，经过训练形成的"技能"。她还曾经通过与学生的电话交流，从声音中发觉了学生掩藏的厌世情绪，经过及时开导，挽救了同学的生命。

这一切虽然看上去有些不可思议，却是在情理之中的，有着严谨的科学依据。一个人惯用的语气，往往还会反映出他的性格和为人处世之道，比如，一个慢性子的人，说起话来惯用的便是不温不火的语气；一个性格温和的人，便不会用咄咄逼人的口气说话；一个性格直率、活泼的人，说话时的语气往往是欢快而跳脱的，等等。

下面，我们介绍几种常见的语气：

◆ 语气刚毅坚强，说话铿锵有力

这类人胸怀坦荡，原则性强，是非分明，遇到困难时会表现出不屈不挠的精神，能坚持，有担当；在需要表态的时候，会鲜明地亮出自己的观点，不怕得罪人；往往有一定的领导能力，并且会取得比较好的成就。但他们性格往往比较固执，常常听不进不同的意见，处理事情缺乏耐心，不懂变通，有时会显得独断专行，容易引起他人的不满，甚至在工作中树敌。

如果一个人说话时语气刚毅，同时又辞令丰富、能言善辩，那么他往往属于思路清晰、见解深刻的类型。在处理事情时，这类人一般比较理智，能一下就抓住事情的要害，然后果断处理，往往能达到事半功倍的效果。但是，这类人在与人交往时，也容易一针见血地抓住对方的弱点，并且毫不客气地指出来，有时会使场面比较尴尬，严重时还会得罪人。

不过，这类人做事光明磊落，并且有较强的组织纪律性，对人对事都能做到公正无私、实事求是，所以往往能得到大多数人的支持和拥护。

◆ 语气温和沉稳，说话条理清晰

温和、沉稳的语气往往代表着理性，这类人一般思想比较成熟，内心世界强大，考虑问题较为全面，责任心较强，做起事情来有计划有步骤。虽然有时会显得有些慢条斯理，貌似效率不高的样子，但其实安排给他们的工作他们大多能够按部就班地完成，并且完成的质量一般比较高。

这类人还有一个明显的优点，就是发现问题和解决问题的能力较强，并且肯坚持、耐力好，一旦认定某事就会踏踏实实地坚持做下去，不会因最初的热情消失就半途而废。

◆ 语气和缓，话语平和

这类人一般性情较为开朗，心地善良，具有同情心和包容心。他们为人豁达，待人比较宽厚，不斤斤计较，也不争强好胜。在朋友中，这类人往往充当"心理医生"的角色，因为他们一般都有较好的人缘，并且能够耐心倾听别人的倾诉，朋友有什么心事想倾诉时，会第一时间想到他们。

他们对待新生事物一般不会太积极，但也不会排斥，起初会持一种观望的态度，当这种事物变得较为普遍后他们才会跟入，这也是缺乏冒险精神的一种表现。他们虽然很"稳"，也能避免一些危险，但有时也会错失良机。

◆ 语气柔弱，说话温存

这类人往往性格内向、腼腆，为人宽容、温顺，不为难他人，同时也避免给自己带来麻烦。他们很少和别人产生正面争执，当有利益冲突的时候，一般宁肯自己吃点哑巴亏也不会撕破脸皮去和对方争。

他们和周围人的关系看上去都不错，但真正能交心的朋友并不多，因为他们警惕性强，很少向别人透露自己内心深处的真实想法。并且，这类人胆量一般也比较小，不愿意让自己陷入是非之中，因此总是有意无意地与他人保持一定的距离，遇到事情时也往往持一种回避的态度。

这类人自信心较差，需要别人的鼓励，如果能有人及时为他们加油鼓气，使他们积极参与到各种竞争中去，他们往往能够取得不错的成绩。

一个思想成熟、心理健康的人，除了自己惯用的语气外，在不同的情况下往往还会用不同的语气来与他人交流。关注一个人语气的变化，往往可以发现他情绪上的转变以及他对待面前事物的态度，比如，当一个人对正在谈论的事情比较感兴趣、兴致较高、情绪高涨时，他说话的语气就会比较生动，说起话来绘声绘色、韵律感十足，有时还会眉飞色舞；当一个人感觉无聊，对谈论的事情没有兴趣甚至有些厌倦时，他说话的语气就会显得单调、生硬，就连话语间所使用的语气词也会千篇一律，这也是走神、缺乏注意力、思想难以集中的表现。

总之，掌握了语气与情绪、性格之间的关系，我们就可以在日常生活中多加揣摩，妥善应用，相信会有比较好的收获。

2. 口头禅是心理状态的真实反映

所谓"口头禅"，最初是一个宗教用语，有一定的贬义，指并未悟道的和尚常常将一些听上去很玄妙的禅语挂在嘴边，假装一副得道的样子。演变到现在，口头禅是指一个人在说话时有意或无意间经常说的语句，通俗点讲，就是经常挂在嘴边的话，好像不需要经过大脑就会脱口而出的个人习惯用语。

著名心理学家伍迪·哈里森曾说："口头禅是一个人在谈话的过程中，无意识流露出来的话语，反映了一个人的心理状态和性格特点。从口头禅里，可以大致读懂一个人的内心世界。"从现代心理学的角度来讲，口头禅是一种下意识的表现，但它并不是不"走心"的，背后往往隐含着一个人的心理活动和作用，能够表达说话人的内心感受和情绪，反映出其心理状态，可以说是一个人在语言方面的印记。

很多人都有自己的口头禅，这些口头禅是一个人在成长过程中逐渐形成的语言习惯，与其成长经历、成长环境及性格特点密切相关。要想在日常交往中从一个人的口头语言上更多地了解对方，就需要多花费一些心思，仔细揣摩对方的言谈，尤其是口头语言上的习惯所透露出的意思。口头禅就是一个人在无意识间透露出的无法掩盖的信息。一个人有什么样的口头禅，也会直接影响其他人对他的印象。

由于口头禅往往能够反映一个人的情绪、心态，同时还能间接地反映一个人的性格，因此，许多文学作品在塑造人物角色时，会为他们设计一些独特的口头禅，这些口头禅往往能鲜明地表达人物的性格，也常常为人们所模仿，甚至成为一种社会现象。并且，口头禅往往还带有时代的印记，代表一个社会群体的整体心态，比如，在 20 世纪 60 年代，很多人的口头禅是"面包会有的，牛奶也会有的，一切都会好起来的"，这是前苏联电影《列宁在1918》中的一句经典台词，是剧中列宁的卫士瓦西里安慰饥饿的妻子时说的话。在那个物质匮乏的年代，这句话也激励了一代人克服困难、积极向上。

和其他的语言表现形式一样，口头禅也可以分为正面的、负面的和中性的。通常情况下，正面的口头禅所占比例并不大，这是因为，当人们面对生活压力和工作压力时，往往会通过口头禅来释放和宣泄，这就和我们感到心情烦闷、焦躁的时候，就忍不住发脾气想骂人是一个道理。在现实生活中，人们常说的口头禅一般可分为以下几个类型：

◆ 肯定、强调型

有些人说话时习惯频繁地说"真的""老实告诉你吧""不骗你""说句实话吧"等，有时还会特意强调这些口头禅，比如加重语气。这类人往往心存忧虑，潜意识里生怕别人不信任自己，或者怕对方误解自己，所以会刻意表明自己的诚实可信。他们的性格往往比较急躁，内心比较在意别人对自己说的话以及对自己人品的评价，希望尽快取得他人的信任和理解，并且常常希望对方明确表达出对自己的肯定和信赖。

◆ 转折、委婉型

有些人习惯用"但是""不过"等具有转折意味的口头禅。这类人头脑灵活，自我认同感较强，有时在表示接受别人的观点后，还喜欢提出一些不同的意见，用"但是""不过"等词语进行转折，同时给自己的阐述留出空间。

他们性格一般比较平和，在反驳对方的观点时，一般会比较注意措辞，尽量做到自然、温和，不会当场使别人感到难堪，所以很少引起别人的反感，往往能够被对方所接受；在拒绝他人的要求时，他们会委婉地表达，很少会生硬地断然拒绝，不会让对方感到冷淡、无情。通常，从事公共关系的人常用这种口头禅。

◆ 命令、强硬型

有些人说话时总是带有一些具有命令意味的口头禅，比如"你必须""你应该""你一定要"等。这类人往往自信心爆棚，对自己的能力充满自信，喜欢领导别人，希望别人无条件顺从自己，常常满足和陶醉于别人对自己言听计从的感觉，是典型的内心英雄主义。

他们中有的人确实比较冷静、理智，对事情有自己独到的见解，当朋友遇到困难时也能给出中肯的意见；但由于态度生硬，有时难免会引起他人的反感，尤其是关系并不亲密的人听到这种口头禅时，往往会想"你是老几呀，在这里指手画脚，我凭什么听你的"。因此，有这种口头禅的朋友需要反思一下，尤其是在一些比较敏感的场合，要注意避免使用这类口头禅。

◆ 谨慎、模棱两可型

有些人习惯用一些模棱两可的口头禅，比如"可能""也许""大概"等。这类人一般比较圆滑，自我保护意识强，他们常用这种口头禅其实是一种谨慎的表现，是在隐藏内心的真实感受，就像俗话说的"话到嘴边留三分"。有这种口头禅的人很少轻易暴露心底的想法，他们在待人接物方面一般比较冷静、沉着，很少情绪化，但有时也难免会给人留下世故圆滑、左右逢源、不够坦诚的印象。

◆ 思考、拖延型

有的人在说话时喜欢穿插"这个""那个"等词语，同时语速往往还会放慢，这是因为他们对自己要说的话比较慎重，正在寻找合适的词汇来表达。这是一个思考的过程，这些没有实际意义的口头禅其实是在起拖延的作用，用这种方式给话语一个停顿的空间，同时又不会因突然的冷场而尴尬。

在都市情感剧《心术》中，吴秀波饰演的霍思邈口头禅就是

"这个……这个……"，每当遇到一时不好回答的问题，他都会以此来拖延时间，并且还能很快想出应对之词。

◆ 聪明、留有余地型

有些人把"听说""据说"挂在嘴边，初和他们接触，有时会感觉他们所说的消息好像都是道听途说来的，甚至会怀疑他们喜欢拨弄口舌。但事实并不是这样，这些人消息一般比较灵通，也有一定的见识，他们喜欢强调自己说的消息是"听说"，也是聪明的表现，因为这样可以给自己留有余地。

◆ 消极、郁闷型

据有关调查显示，相比正面和中性的口头禅来说，表示消极、郁闷等不良情绪的口头禅所占比例比较大，比如，"郁闷""没意思""没劲""烦着呢"等负面的口头用语就比较流行。其实，这也是一种排解压力的方式，可以理解为言语倾诉的"微缩版"，是在习惯性地倒一倒自己心中的苦水，能够起到一定的舒缓和宣泄情绪的作用。但是，这些带有负能量的口头禅往往带有很强的心理暗示作用，不仅容易激发自己的自卑心理，而且容易把消极情绪传染给周围的人。所以，那些常说负面口头禅的人，往往难以受到大家的欢迎，不利于人际交往的和谐，要注意避免。

3. 潜台词是深藏于心底的真实想法

在人们交往的过程中，沟通的重要性不言而喻。有人将良好的沟通比喻为抵达对方心灵的万能钥匙，正确的沟通方式可以使对方乐于接受，会使双方的交流变得通畅。

语言是人与人之间进行沟通的一种重要方式，通常情况下，我们会通过语言来表达自己的思想和祈求，也会通过倾听对方的话语来了解其想法。但是很多时候，由于谈话双方的身份、性格，谈话的场合，社交的需要等各种原因，人们往往并不会"知无不言，言无不尽"。也就是说，很多人不会直截了当地把自己心中的想法全部说出来，而是会用各种潜台词来代替。

所谓"潜台词"，词典上的解释是"指在某一话语的背后，所隐藏着的那些没有直接、明白表达出来的意思"，通俗点说，就是"话里有话"。关于潜台词，我们每个人应该都深有体会。在与他人交往的时候，我们经常会发现，对方说的某些话背后还隐藏着一些他没有说出来的意思，而这些隐藏着的话语才是他真正想表达的。当然，我们说话时也经常会使用潜台词，如果对方听不明白的话还难免会暗暗嘲笑他情商太低，有时候还会暗暗着急。

举世知名的心理治疗师维吉尼亚·萨提亚提出的冰山理论可以说对潜台词做了一个很好的诠释，她认为，一个人的"自我"就像一座冰山，表现出来的、能让别人看到的只是浮在水面上的很少的一部分，其实更多的部分是藏在水下。如果把一个人的思想和内心想法比作冰山，那么语言可以看作是露在水面上的部分，而潜台词就恰如藏在水中的冰山的主体。

从人与人交往的技巧这方面来讲，潜台词的存在是合理的，因为交谈时过于直接的表达有时会给别人和自己带来比较大的心理压力，用潜台词这种方式委婉表达会使双方都感觉舒服一些。能够恰当、巧妙地使用潜台词，以及正确理解对方话语中的潜台词，都是情商高、聪明的表现。比如，如果我们观察一些孩子的成长过程就会发现，那些悟性高、比较善解人意的孩子往往能够较早地懂得说带有潜台词的话，这是孩子成长过程中的一个重大进步，表明孩子已经懂得怎样委婉地表达自己的想法，也说明孩子懂得了说话时要考虑别人的感受，并且已经能够听懂别人话语中的潜台词。在这里要提醒已经为人父母的年轻朋友，如果发现自己的孩子开始"拐弯抹角"地说话，要为孩子在心智方面的进步感到高兴，努力理解孩子的话外音，并体会孩子潜台词中所表达的心情，千万不要轻易横加斥责。

俗话说：锣鼓听音，说话听声。这里说的"声"，其实就可以理解为潜台词。我们可以把潜台词理解为语言的延伸部分，它在我们的工作和生活中时常出现。我们在和他人交谈时，当感到对方似乎话里有话时，就有必要想一想这其中是否真的有潜台词，以及自己对其潜台词的理解是否正确。如果能够养成这个习惯，那么对他人言外之意的理解将有大的提升。下面我们就男女交往及人际交往中常见的潜台词进行简要介绍。

◆ 男女交往中的潜台词

美国著名心理学家约翰·格雷写过一本畅销书《男人来自火星，女人来自金星》，其主要观点是男女之间存在天生的思维方式的不同，男人的思维偏理性，比较逻辑化，注重寻找解决问题的办法；女人的思维偏感性，比较多元化，注重和别人分享自己的感受。因此，男人和女人之间经常会发生摩擦，其实并不是因为实际的问题，而是因为他们简直就像分别来自两个星球，彼此之间听不懂对方到底是在表达什么。曾经有一首很流行的歌中就这样写道："女孩的心思你别猜，猜来猜去你也猜不明白……"其实作为男人，之所以感到女孩的心思难猜，有一个很重要的原因就是听不懂女孩话语间的潜台词。

比如，一个女人向丈夫（或男友）吐槽老板如何苛刻、同事如何勾心斗角、工作如何不顺心、自己如何身心俱疲，等等，这种时候男人该怎么做？帮助她分析在工作中有哪些不足？告诉她人在职场身不由己，该受点委屈的时候就得受点委屈？要是这样那就等着她跟你急眼吧！如果丈夫（或男友）怜惜地将她揽入怀中，拍着胸脯告诉她："别怕，大不了咱辞职不干了,我来养活你！"

这样，女人往往会"多云转晴"，很快就能满血复活，重新信心满满地投入工作中去。

当女人提出问题的时候，大部分情况下，她需要的是别人对自己的理解和安慰，而不是解决问题的方法；男人提出问题的时候，大部分情况下，他需要的是别人帮助自己寻找解决问题的方法，而不是端上来一碗浓浓的心灵鸡汤。

了解了男人和女人在思维方式上的不同，就可以尝试用对方的思维方式去理解语言背后可能隐藏的潜台词，相互间的沟通和交流就会变得容易很多。

◆ 人际交往中的潜台词

在人际交往的过程中，人们往往会使用各种潜台词，有人认为这属于一种社交礼仪，可以礼貌地避免尴尬；也有人认为这是虚伪、圆滑的表现，总是带着令人难以琢磨的言外之意。无论我们对潜台词抱有什么样的态度，它都是不可避免的，下面我们来了解人际交往中经常出现潜台词的几种情况。

我们在工作和生活中有时需要寻求他人的帮助，如果我们求助的对象在没有了解我们具体需求的情况下就婉言推托，往往说明他其实根本就不打算提供帮助。比如，我们想让某位老师帮助修改一下新写的文稿，如果他说"最近太忙了，等忙过去这一阵吧"，那就不要再问他何时能忙完了，因为如果他真的愿意帮助修改、指正，就会问是哪方面的稿子。

当我们和别人聊天对，如果对方的话具有总结的意味，很可能他已经不想再聊下去了。比如，一个人说，"五一假期我打算去杭州玩，就是不知道会不会人太多"，另一个人说，"人肯定少不了，但是既然想去就去呗"。这一句话中就做出了两个总结，说明说话者对当前的话题并不感兴趣，不想展开来讨论。

当我们向别人提出意见或建议时，如果对方做出"我再想想"或"回头再说吧"之类的回复时，往往说明他不打算接受你的意见，只是碍于情面不愿意当场拒绝。

总之，潜台词是话语的延伸，我们随时随地都可能遇到形形色色的潜台词。学习并掌握潜台词的有关知识，不仅有助于我们理解说话者真正想要表达的意思，使彼此之间的沟通更加顺畅，而且能够提高我们在言谈方面的水平。

4. 撒谎时的语言特征

有人说，我们生活的这个世界充满谎言。这句话虽然有失偏颇，并且有些负能量的意味，但仔细想想其实不无道理。确实，在生活中，我们经常会遇到一些撒谎的人，我们自己在很多时候也难免会说一些谎言。对于撒谎，人们的理解不尽相同，心理学上对于撒谎也有各种不同的定义。但是，关于撒谎的理解和定义，无论细节上有怎样的出入，有一点是公认的，那就是撒谎具有故意性。

心理学家通过大量的研究证明，一个人之所以撒谎，一般有以下几种原因：①为自己打造一个较为良好、积极的形象，以免尴尬或对方拒绝自己；②做了错事后进行掩盖，以避免惩罚；③为自己获取利益；④为他人获取利益，或为别人打造良好形象；⑤社交的需要，维护社会关系。

无论是出于什么原因撒谎，究其目的和效果来说，大致可以分为三类：①"正性谎言"，指对生活造成有利影响的谎言，也就是我们常说的"善意的谎言"；②"中性谎言"，对生活没有什么影响，至少不会造成不利影响；③"负性谎言"，指会对自己或他人造成不利影响的谎言，有时甚至是害人害己的谎言。

善意的谎言往往出于美好的愿望，常常能成为人与人在社会交往中的润滑剂，经常出现于亲人和朋友之间。比如，有的年轻人给父母买了新衣服、新手机，但由于怕他们节俭惯了心疼花钱，就故意把价格说得很低，这就是为了让父母能安心享用，表现出了身为儿女对父母的理解和孝心。中性的谎言一般无碍大局，虽然有时难免令人对撒谎者的心态感到不理解，但毕竟这种谎言不会产生不良后果，所以也没必要过度追究。需要警惕的是最后一种，也就是"负性谎言"。关于谎言的危害，我们就不再赘述了，相信大家都深有体会，这里我们着重了解一下如何从语言本身的特点来辨识谎言。

其实，对于一个正常人来讲，即使他撒谎的技巧已经修炼得非常熟稔，甚至是所谓的撒谎成性的人，只要他说的不是事实，他的言语中就会暴露出一些谎言的语言特征，并且这些语言特征完全是下意识中流露的，不以人的意志为转移。因此，只要掌握了谎言的特征，我们就可以据此来判断别人说的话到底是真是假。通常情况下，谎言具有以下特征：

◆ 很少用比喻

比喻也就是我们平时说的"打比方"，是一种常见的修辞手法，可以有效增强所表述事物的具体性和形象性。无论是在书面语言还是口头语言中，都经常大量运用比喻。比如，《诗经》是我国最早的一部诗歌总集，是古代诗歌的开端，其中收录的民歌中有许多都使用了比兴的写作手法。也就是说，早在几千年前，我们的先辈在言谈中就已经能够熟练运用比喻了。

在日常生活中，当一个人描述他所发现的事物或经历的事情时，为了增强语言的渲染力，便于对方理解，经常会打一些比方。但是，谎言往往是说谎者提前已经想好的，说起来就相当于在背台词，只要按照脑子里的"稿子"陈述就可以了，不需要再借助比喻。

◆ 很少提及"我"

对于大多数人来说，撒谎会给内心带来一种道德焦虑感，产生紧张、愧疚等负面情绪，因此他们就不愿意自己的身影出现在谎言中，即使是实在难以回避的时候，也会尽量淡化。

◆ 尽量减少言谈中的信息

俗话说"言多必失"，对于谎言更是如此，当谎言说得越多越具体的时候，就越容易出现漏洞。大多数人在说谎的时候会感到心里没底，会有一种隐隐的担心，害怕如果给出的信息较多，别人就会从中发现不对。因此，有些人说谎时会尽量简洁，能少说就少说。这样的撒谎者经不住追问细节，如果怀疑一个人在撒谎，不妨就细节问题多问上几句，往往会发现真相。

◆ 言谈中提供过多信息

和上一种情况相反，有的人在说谎时，为了取得对方的信任，会故意把具体的情节编造得很全面，从各个方面来证明自己的"真诚"。一件本来寥寥数语就可以说完的事情，却变成了长篇大论，其中有许多完全没有必要说的东西，以至于言谈显得很啰嗦、没有重点，这种情况也值得怀疑。

比如，一个妻子拨打丈夫的手机，但是他没有接听，过了一会儿他回拨过来，妻子问丈夫刚才怎么没接电话，如果他很坦然地说"去领导办公室了，没有带手机"，这极有可能说的是真话；但如果他说"去领导办公室了，和某位同事一起去的，去给领导汇报某项工作，领导的态度……"等一些完全没必要解释的理由，那么他很可能在说谎。

俗话所说的"言多必失"是非常有道理的，一个人在说谎的时候，越是在某个环节编造得天衣无缝，就越会在其他环节露出破绽，因此，对待这样的谎言要有耐心，只要认真寻找就不难发现其中的漏洞。

◆ 语言组织杂乱，前后信息不一致

俗话说，笨人撒不了谎，这是有一定道理的。套用现在的一句流行语来说，"撒谎其实也是技术活儿"，不是每个人都能驾轻就熟地去运用的。当一个人撒谎的时候，需要考虑很多东西，既要对自己有利，又要尽量合理，还要与周围相关的信息（包括自己之前所撒的谎）相符合，其实很不容易。因此，很多人在撒谎的时候会显得犹豫不决，好像总是在掂量到底该怎么表达。由于谎言中的信息是不真实的，有的人会忘记自己在之前具体是怎样表达的，所以谎言还常会出现前后不一致的情况。

有的人在说谎的时候，为了让自己多一些思考的时间，还会在言谈中插入一些没有实际含义的词语或句子，有时还会重复出现。

◆ 音调高低的变化

当一个人撒谎的时候，音调往往会有所变化，撒谎时的紧张情绪会使撒谎者的音调异于平时，有时还会出现颤音或结巴。

加拿大心理学家的一项研究发现，男人在撒谎时说话的音调往往会变低，而女人在撒谎时说话的音调则往往会升高，这种变

化和激素有关。在夫妻或情侣之间，有时仅凭音调上的变化就能判断对方是否在撒谎；有经验的警察在办案时常常根据被询问者音调的高低判断其真实的心理状态。

　　总之，虽然准确地辨别一个人是否撒谎并不容易，但面对谎言我们并不是无计可施，掌握了撒谎者常见的语言特征，会对我们识破谎言有所帮助。

5. 通过服装表现出来的内心世界

　　古语有云："相由心生，衣如其人。"意思就是说，人内心的善恶可以通过面相显现出来，人的真实性格可以通过服装表现出来。因此，心理专家指出，通过他人的着装特点便可以看穿其内心世界。

　　在人际交往中，外貌通常是人们首先关注的特征，而衣着则是一个人外貌的重要组成成分。一般来说，如果我们在第一次见面时给他人留下好印象，那么，别人就会愿意与我们亲近。反之，第一印象不好，对方则不愿与我们继续交往下去。比如，在求职面试时，穿衣打扮尤其重要，因为面试官会将发型、服装等作为录取的重要参考因素。

　　英国著名女演员费雯·丽为了争取《乱世佳人》中郝思嘉的

角色，引起导演的注意，在着装上费尽了心思。当时，剧组正在拍摄亚特兰大一场大火的场景。而此时的费雯·丽穿着黑色的紧身衫，戴着宽边黑帽半遮住脸庞，在火光的照射下显得越发魅力四射、性感十足。服装的搭配更凸显出她姣好的身材和妩媚的气质。导演立刻被她吸引住了，不禁感慨道："这就是我心目中的郝思嘉！"

在日常生活中，不同性格的人在着装上大为不同。比如，成熟稳重的人大多会选择精致的服饰，以彰显自己冷静和睿智的个性；阳光活泼的少年则会选择个性的服装，以表现自己独特的一面；正值花季的少女则会选择颜色靓丽的服饰，以彰显她们热情奔放的内心。

◆ 喜欢穿宽松舒适的衣服

喜欢穿宽松舒适衣服的人性格比较内向、孤僻，往往以自我为中心，喜欢独来独往，不愿与人相处，因此，他们身边的朋友总是少之又少。不过，这类人比较聪明，有独到的想法和见解。

◆ 喜欢穿深色衣服

喜欢穿深色衣服的人个性比较沉稳，虽然平时有些沉默寡言，不怎么爱说话，给人一种很冷酷的感觉，其实他们是非常有想法的，因而会备受他人尊重。另外，这类人遇事较为冷静，深谋远虑，做人做事也比较低调，不喜欢别人对自己有很深的了解，因此会让人感到捉摸不透。

◆ 喜欢穿淡颜色衣服

喜欢穿淡颜色衣服的人性格乐观、开朗，总是对生活充满希望；擅长交际，与朋友相处得非常融洽。

◆ 喜欢穿朴素大方的衣服

喜欢穿朴素大方衣服的人待人真诚，为人处世比较成熟稳重；在工作上非常认真，有很强的责任心，踏实能干且不爱张扬；遇事能够冷静从容地解决。不过，这类人大多没有创新能力，有时候过于软弱，容易屈服于他人。

◆ 喜欢穿同一款式的衣服

喜欢穿同一款式衣服的人为人直率，做事冷静、果断，非常有自信，爱憎分明。不过，这类人有些自以为是，比较清高、傲慢。

◆ 喜欢穿五颜六色的衣服

喜欢穿五颜六色衣服的人大多有很强的虚荣心和表现欲，总是希望自己能够引起他人的注意；比较任性，有些独断专行；喜欢自作聪明，常常会将事情弄得一团糟。另外，这类人还喜欢挖苦别人，说他人短处，因此，很多人都不愿与其交往。

◆ 根据自己的喜好选择服装

莎莎是一名声乐专业的学生，平日里她总喜欢根据自己的喜好选择衣服，而不是像其他同学那样选择当下较为流行的服装。不仅在衣服方面，她在就业选择上也是如此。

当其他同学在毕业前夕都纷纷出去找实习工作时，她却继续考研。考研成功后，她与几个兴趣相同的朋友开办了音乐辅导班。虽然刚开始学生比较少，但莎莎却一直坚持着并想尽各种办法让辅导班更具特色。最终，她开办的辅导班在当地变得相当有名，很多家长都慕名带着孩子前去报班。

心理专家分析，根据自己的喜好选择服装的人很有个性，不会随波逐流，很有想法，会不断为自己寻找生活乐趣；比较独立、果断，有很强的决策力；内心坚强，喜欢接受挑战。另外，这类人有着坚强的毅力，一旦决定做某件事情，就会全力以赴，不达目的绝不罢休。

在现实生活中，妆容可以反映出一个人无法隐藏的真情实感和性格特征。尤其是女性，有的喜欢浓烈的妆容，有的喜欢素雅的淡妆，可以说，不同的妆容反映了她们不同的心理。在此，我们就跟随心理专家一起研究下。

◆ 喜欢浓妆艳抹

喜欢浓妆艳抹的女性有很强的表现欲，总是希望借此吸引更多的异性，让自己成为众人关注的焦点；思想比较前卫，经常做出一些大胆的行为。不过，这类人为人比较真诚和坦率，即使她们有时候会遭到各种恶意的攻击，但仍然尊重他人。

◆ 喜欢化怪异妆容

喜欢化怪异妆容的女性往往是希望借这种妆容来掩盖自己失

落的情绪或是错综复杂的内心。这类人的内心经常处于一种挣扎的状态，做事情总是以失败告终。因此，她们的心头常常笼罩着挥之不去的阴霾。

◆ 喜欢素面朝天

喜欢素面朝天的女性追求的是一种自然美，很有自信。对于她们来说，最看重的是实质性的内容，而不是局限于表面的肤浅认识。这样的女性在选择男友时，从来不会因为对方的阳光帅气而投怀送抱，而是通过为人处世来观察他的内在个性。

◆ 喜欢化异国色彩妆

喜欢化异国色彩妆的女性通常具有丰富的想象力，总是希望自己能够成为一名艺术家。这类人追求无拘无束的生活，向往自由。因此，她们常常有一些独特的想法，让周围的人吃惊不已。

◆ 喜欢化淡妆

喜欢化淡妆的女性性格比外内向，心地善良，乐于助人；非常独立，不喜欢依赖他人，即使遇到棘手的问题，也会从容地面对和解决；聪明，善于思考，做事干练、沉稳。不管是在生活中还是在工作中，这类人都会将事情处理得井井有条，而且有很强的适应能力，能顺利适应各种新环境。

>>> 第二篇

群居社会，沟通技巧很重要

第一章
一见面迅速成为朋友的秘诀

1. 最初 5 分钟是能否成为朋友的关键

人与人交往是否能够愉快地进行下去，大多数时候取决于最初交谈的 5 分钟。就像是演讲时的开场白无比重要一样，交谈的最初 5 分钟也是至关重要的。倘若交谈的最初 5 分钟能够奠定交谈的基调，让整个谈话都轻松愉悦，则接下来的交流和沟通往往也会比较顺畅；相反，如果交谈的最初 5 分钟进行得艰难晦涩，则接下来也很难有所改观。因而，我们必须慎重对待交谈的开场白，只有找准话题，奠定愉快的基调，才能让一切水到渠成。

那么，如何让交谈的最初 5 分钟比较愉悦呢？首先，要以礼貌作为开场白。尤其是在面对陌生人时，你一张嘴，就会给对方留下笼统的印象，因而，你必须非常有礼貌，才能让对方喜欢你。其次，还要找准话题。众所周知，人们最感兴趣的是自己，如果你从开始说话时就不停地诉说关于自己的事情，则一定会让人觉得索然无味。再次，如果你能够提前了解对方的喜好，因而迎合对方的兴趣，则交谈一定会更加愉快。最后，也是最重要的一点，一切交往都必须建立在彼此尊重的基础上。只有彼此尊重，平等地对待对方，才能做到愉快交往。

说到演艺行业，因为说话的场合多，所以口才好的人很多，秦刚就是这样一个人。

他担任某谈话类节目的主持人，其表现受到公众的一致好评，而且在私底下也很擅长闲聊。

一天在录制节目前，由于新换了一位化妆师，而这位化妆师可能比较腼腆，因此不怎么爱说话，所以化妆室里的气氛就有点尴尬。两人都沉默了一会儿，最后还是秦刚先开了口："你今天穿的衣服真好看！""这副新眼镜真的很配你，简直太帅了！"听到这话，化妆师一脸的愉悦，进而放松地回应他："啊，真的是这样吗？我其实也是第一次这么穿，想尝试一下比平常更明亮一点的颜色。"

也就十几秒的互动，以对彼此的好感为根基的人际关系就这样毫不费力地建立起来了。

人与人的交往，一定要建立在尊重和平等的基础上。不管一个人的身份是低贱还是卑微，在人格上都是平等的。因而，我们既不能妄自尊大，也不能妄自菲薄。只有不卑不亢地与他人相处，才能让人际关系得到改善，也才能如愿以偿地建立人际关系网。不管是谁，都想得到他人的尊重，这一点是毋庸置疑的。因而，我们必须懂礼貌，也要懂得运用心理学技巧，才能在与他人相处时如愿以偿地得到帮助。尤其是在与他人交谈时，必须把握好最初的 5 分钟，给他人留下良好的印象。否则，恶劣印象一旦形成，就会导致此后的交往无比艰难，也很难扭转。

2. 请务必记住对方的名字

在生活和工作中，我们每天都需要和陌生人打交道，有些人也就是一面之缘，有些人则往往会与我们产生交集，会有更深的交往。无论是哪种情况，给人留下良好的第一印象都是有必要的，就像一篇文章只有开头精彩，才能深深地吸引读者；一出戏只有先声夺人，博得开门红，才能继续轰轰烈烈地演下去。

自古以来，婴儿一出生就会在或长或短的时间里被赋予姓名，这姓名或者是父母琢磨出来的，或者是家里德高望重的长辈给起的。甚至还有些婴儿，还未出生就承载了父母的期望，父母总是在孩子生命最初就给他想好了名字，也由此寄予了无限的期望和渴盼。从此以后，这作为符号的几个字就会跟随其一生，不管是拥有荣誉还是陷入人生低谷，它都会不离不弃地跟随。直到死去，名字依然会被刻在墓碑上供后人凭吊。由此可见，名字对于人们有着特殊的意义和深刻的感情。因而，如果你能在初次见面时就记住对方的名字，那么当你仿佛与对方很熟悉一般喊出对方名字的时候，一定会给予对方特别的感受；与此恰恰相反，假如你总是记错他人的名字，甚至还不知所以然地把错误的名字拿来称呼他人，则你的人缘也就可想而知了。

　　王晓是一家保险公司的代理员，每天都要与形形色色的客户打交道。如今王晓的销售业绩在公司名列前茅，是不折不扣的销售冠军，但是有谁能想到王晓最开始从事保险代理人职业时，接连几个月都没有签约，而且还被客户骂哭过呢？

　　如今，资深的王晓也开始带新入职的徒弟，并且向他们传授相关的经验。作为师父，王晓传授给徒弟们唯一的经验就是：一定要在最初见面时就记住对方的名字。为此，王晓还讲了一件伤心的往事给徒弟们听。

　　那时，王晓刚刚大学毕业，因为毕业院校并非名牌，所以找工作很难。后来，他在同学的介绍下来到这家保险公司，从此开始了推销生涯。做过销售员的人都知道，这是与人打交道很多，也经常需要面对陌生人的行业。几乎每天，勤奋的王晓都会拿着展板去附近的社区开发客户，宣传保险知识。

　　有一天，王晓正在与一个新认识的客户寒暄。王晓说："李大爷，您就相信我吧。像您这样子女不在身边的老人，一定要投资自己的健康啊！"不想，原本与王晓相谈甚欢的李大爷，突然狠狠地瞪了王晓一眼，说："李大爷？我就站在你面前一直跟你说话，你居然把我的名字给叫错了。我看哪，你还是别站在这里丢人现眼了，先去吃点核桃补补脑吧！"这时，王晓才意识到自己不小心在短短时间内就忘记了这个大爷的姓。他被大爷一通臭骂，又被当时在附近的人围观，不由得委屈地哭起来。当他回到公司，他的师父就告诉他："王晓，别人喊错你的名字，而且是在你刚刚说完的情况下，你会高兴吗？"他摇摇头。师父语重心长地说："是啊，你这个小毛孩儿都不乐意被人叫错名字，更何况是人家年事已高的老大爷呢？而且，人家与你相谈甚欢，一分钟都没离开过，你就忘记了人家的姓，这肯定让人觉得不被尊重和重视啊！人老了就像小孩子，你应该学会与各种各样的人打交道。"

听了师父的话，王晓恍然大悟，从此以后，他不管面对什么样的客户，都会第一时间记住他的名字，哪怕耽误了推销产品的时间，他也会用心地默念和牢记。在坚持记住每一位客户的名字之后，王晓的保单越来越多，客户忠诚度也特别高。

每个人都希望得到他人的尊重，而他人在初次见面的短短时间里就记住你的名字，你一定会感到被尊重和受到重视。如此一来，作为回应，你也会尊重和善待他人。其实，我们只要想一想就能明白那种感受：一个人刚刚见你第一面，在几分钟时间里就能亲切地喊出你的名字，这无疑让人感到兴奋和亲切。

3. 恰当的称呼，给对方留下好印象

在人际交往中，称呼是必不可少的。如果称呼合适，则会让对方心里舒坦，有利于交际进一步发展；相反，如果称谓不合适，就会让对方心里别扭，必然会阻碍双方的进一步沟通。因此可以说，合适的称呼是开启良好交际的第一步。

最近，因为总经理升职了，被调动到北京总部任职总监，所以公司就空出来一个职位。看到职位忽然空缺，很多有可能顶上总经理职位的人都虎视眈眈，彼此间明争暗斗，只为了抓住这个千载难逢的好机会。

群龙当然不能无首，总经理的职位不能空缺太久。因而，上级领导临时任命张副总经理当代理总经理。得知这个消息，张副总高兴极了，一下午都在哼着小曲。他暗暗幻想着人们看到他都毕恭毕敬地称呼他"张总经理"的情形，如今他终于实现了梦寐以求的愿望，把"副"字去掉了。然而，当他兴冲冲地准备去会议室主持会议时，档案室的老王迎面走来，喊道："代总经理，恭喜您哪！有了这个'代'字，只怕您很快就会成为真正的总经理了呢！"听到老王这句话，张总的脸上立马晴转阴。他无论如何也没想到，自己的"张副总经理"居然变成了"张代总经理"，简直让他崩溃。这时，跟在老王身后的小赵赶紧打圆场说："老王，你可真是拐弯不怕累。张总经理都已经走马上任了，以后他就是我们的总经理，你还说些乱七八糟的话干吗呢？"听到小赵的话，张总心里还舒坦些，尴尬地笑了笑，就继续往会议室走去。

在代理总经理半年之后，"张副总经理"就正式任职总经理了，但是他却始终对老王的话耿耿于怀。一个偶然的机会，张总抓住老王工作中的失误，将老王辞退了。老王无论如何也想不起来自己到底哪里得罪了张总经理。而小赵呢，居然被破格提升，成为老王的接班人。

在职场上的人，最讲究的就是称呼，尤其是当职位处于变动时期，或者正在交接时，恰到好处的称呼最有必要。就像老王这样，因为一个拐弯抹角的称呼，无意中就得罪了未来的总经理，可谓得不偿失。小赵则比老王机灵多了，他总算知道不管是不是代总经理，总经理的官位都比他们高，给予足够的尊重总是没错的。把副总经理的"副"字去掉，把代总经理的"代"字去掉，这就是官场上的原则：把人的职位往大处称呼，而不要往小处称呼。

其实，不仅仅职场上如此，生活中也是如此。在称呼年纪比较大的人时，一定要讲礼貌，对于喜欢显示辈分高的人，就给他恰到好处的称呼；对于喜欢显示自己更年轻的人，就把他叫得年轻一些。总而言之，我们一定要恰到好处地称呼他人，这样才能让交谈变得更加顺利。试想，假如人们一开始就因为你的称呼不恰当而闷闷不乐，又怎么能做到与你愉快地交谈呢？再举个简单的例子，如果你因为迷路需要问路，却不能恰到好处地称呼他人，这样你就很难得到他人的详细解答，甚至还会因此而招致他人的斥责。

由此可见，生活中只要是需要与他人交谈的场合，就需要我们给予他人最合适的称呼。适宜的称呼是友好交谈的开始，我们必须慎重对待，千万不要因为这个小小的细节导致人际关系恶化，否则就得不偿失了。

4. 话要说到点子上

常言道，知己知彼，百战百胜，这个道理不但适用于战场，也同样适用于人际交往。每个人都是这个世界上独一无二的存在，世界上既没有两片完全相同的树叶，也没有两个完全相同的人。

大名鼎鼎的心理学家，也是第三代心理学的开创者马斯洛，曾经把人的需求分为五个层次，即生理需要、安全需要、社交需要、尊重需要和自我实现需要。这五个层次的需求是不断推进和上升的关系，所以要在低层次的需求得到满足之后，才能谈及更高层次的需求。

通常情况下，人们需要满足低层次需求之后，才会有更高层次的需求出现。因而在与人交往时，我们要想满足他人的心理需求，把话说到他人的心里，就要更加敏锐地观察他人，洞察他人的心思，这样才能成功地攻克他人的心，使我们与他人的交往更加顺遂、如意。

当然，洞察他人心理也并非那么容易的事情，需要我们多多用心，仔细观察，还需要我们用心思考。当然，对于初次见面的陌生人，我们还可以从侧面进行了解。如果对方是一位名人，那么还可以从网络或者书籍上了解对方的更多信息，从而做到有所准备。

很多说话的高手，在与他人交流时，总是能够把话说到他人心里去，从而打动他人的心，打开他人的心扉，使得交流更加顺利。实际上，暗示对方必须更加巧妙，才能做到顺其自然，不露痕迹；否则，如果不能迎合他人，就会导致事与愿违。也许有些朋友会说：我们又不是他人肚子里的蛔虫，如何做到暗合他人心理呢？其实，通过察言观色，哪怕是在交谈中，明智者也可以捕捉到很多有效信息了解他人。

作为一名普通的销售人员，约翰很想向一家工厂的老板推销自己的产品。但是他只是一个刚刚大学毕业的毛头小子，根本不知道如何更好地向工厂老板推销。在请教了经验丰富的老同事之后，约翰想出了一个好主意。他知道那个老板实际上非常抠门，因而决定为那个老板算一笔账。

这天，约翰带着样品去拜访老板。他直截了当对老板说："您愿意白得这样一台机器用吗？"老板有些困惑，不知道约翰想干什么。约翰接着说："这可是一台全新的机器，而且是最新款的，您可以免费得到它。"老板饶有兴致地看着约翰，对于这样的无本生意，精打细算的他当然不会错过。因而，他马上询问约翰具体的情况。约翰说："是这样的，假如您愿意，您可以先免费试用这台机器一个月。一个月的时间里，这台新型机器强大的节能效果，就会向您证实您每个月将会少付很大一笔电费；而且，根据我的计算，如果您把所有老机器都换成这种节能的新型机器，只需一年时间，您节省的电费就相当于购买机器的费用了。您觉得这笔生意是否划算？最重要的是，这台机器的使用寿命是20年，也就是说您可以享受19年免费使用这台新机器，何乐而不为呢？"约翰别出心裁的推销方法，使得老板当即拍板，决定拿出很大一笔钱把工厂里所有的旧机器都换成新机器。

约翰的推销之所以马到成功，就是因为他抓住了工厂老板开源节流的心理，而且也知道工厂老板早就计划更换新机器了。所以约翰恰到好处的推销，让老板马上就明白更换新机器是很划算的，而且是无本万利，所以老板才会毫不犹豫地与约翰签约。

任何时候，我们要想说服他人，就要抓住他人的心理需求，让他人怦然心动。

不可否认，每个人的心理需求都是不同的，诸如有些人喜欢得到他人的阿谀奉承，有些人则喜欢与他人"君子之交淡如水"。对于前者，拍马溜须的效果会很好，但是对于后者，只有淡淡相交，才能赢得他人的尊重和认可。所以在人际交往中，我们必须多多用心，细心观察，从而顺利了解他人的内心所需，从而把话说到他的心里去。

5. 套套近乎，陌路人也能成为熟人

在面对陌生人时，如何与其套近乎，这是个难题。一旦我们解决了这个难题，与陌生人搭讪的成功率就会极大提高，当然，我们也会因此结识更多的人，为自己争取更多的机会。常言道，多个朋友多条路，我们唯有抓住每一个机会为自己拓展人脉，才能在职场上因为丰富的人脉而如鱼得水。

也许有人会说，人应该凭着真才实学闯荡社会，的确如此。不过，这只是重要的条件之一，而并非唯一条件。也就是说，除了拥有真才实学之外，成功还需要很多其他因素的辅佐。正如古人云，天时地利人和也。由此可见，要想成功，人和是必不可少的要素之一。因而，套近乎尽管被很多人忽视，却依然势不可当地成为成功的必要条件之一。

套近乎为什么这么重要呢？首先，套近乎能够帮助你与他人搭上关系。中国社会是人情社会，这一点每个人都深有感触。如果你人脉丰富，不管做什么事情都能找到贵人助自己一臂之力，那么你的成功肯定会变得更加容易一些。其次，套近乎可以让你与他人的关系更加融洽。即使是与陌生人攀谈，套近乎也能拉近你们彼此之间的距离，让他人逐渐消除对你的警惕和排斥心理。举个最简单的例子，如果你是推销员，那么你一定要学会与他人套近乎。因为大多数情况下，陌生人戒备心理的产生都是因为缺乏安全感。如果你与他之间建立某些联系，则会让他产生熟悉亲切的感觉，安全感也就自然建立，因而你们彼此之间会更加信任和宽容。这样一来，交往自然水到渠成。

作为二手房经纪人，婷婷的销售业绩始终是店里最好的，这让其他同事羡慕不已。

前段时间，婷婷无意间认识了一个客户。这个客户是个年轻的小姑娘，看起来二十七八岁，而且不太爱说话。

看完房子后，婷婷把客户带回店里继续沟通。其间客户接到一通电话，电话里传来河南口音。婷婷一听，顿时喜出望外，因为她老公家也是河南的。等到客户打完电话，她惊喜地问："刚刚给你打电话的是河南口音？"客户点点头，说："是我男朋友的妈妈，他家是南阳的。"婷婷高兴地说："哈哈，咱们是老乡啊，都是河南人的媳妇儿。"客户也很惊讶，说："你老公也是河南的？""对呀，我老公是南阳镇平的，你男朋友家是哪里的？""就是南阳市区的。""太让人惊讶了，以前在北京生活时，我身边有很多河南人。后来在南京定居后，我以为这边河南人很少了呢！"这下客户更惊讶了："你还在北京生活过？""对啊，我在北京生活了十几年，为了给孩子落户，才来南京定居的。""那真是太巧了。"客户觉得难以置信，"我男朋友的爸爸现在还在北京工作呢，就住在燕郊。"

婷婷马上找到了话题，更加滔滔不绝："燕郊是河北的地方，不过距离北京东城、望京等地特别近，所以有很多人在那里居住，在北京上班。""就是，我男朋友的爸爸就在望京上班。这下好了，既然你老公也是南阳人，你们还在北京待过，我觉得你能更好地与我男朋友的爸爸沟通。我们买房是老人家出钱，所以得他拿主意。"

就这样，客户把未来公公的电话留给了婷婷，让婷婷直接与他沟通。婷婷当然得心应手，还未见面，就与这个"老乡"聊得兴致盎然。后来见面之后，婷婷还特意与老公一起邀请老人家吃饭呢，他们变成了朋友，买房肯定是在婷婷这里买了。

婷婷很聪明，思维也很敏捷，在客户的一通电话后，她马上就找到了套近乎的方法。彼此作为河南人的媳妇，尽管客户只是准媳妇，但既然已经着手开始买婚房了，想必对与河南有关系的人和事会莫名亲近，以此来套近乎，显得顺理成章。而且在聊天过程中，婷婷又找到了一个重要的共同点，即她和客户的未来公公都在北京生活过。对于北京，婷婷在那里生活过十几年，非常熟悉，有很多话题可以谈。如此一来二去，她与客户的关系越来越深，也越来越亲密，销售自然也就水到渠成了。

现代社会，尤其是在大城市，打拼的人们往往来自四面八方、全国各地。因而，人与人之间很难像在老家的小地方那样攀上亲戚关系，但是套近乎并非局限于亲戚关系。细心的人会发现，要想与他人套近乎，其实很多关系都可以用得上。例如，老乡关系、校友关系、"驴友"关系，或者志同道合，有着共同的兴趣爱好，都可以以此套近乎。

第二章
人人渴望被赞美

1. 赞美是沟通最好的"润滑剂"

　　每个人都喜欢听到赞美，都喜欢受到他人的恭维。只要赞美得合适，恭维不夸张，就会受到他人的欢迎。尤其是那些好面子的人，就算冷静之后，知道你说的不过是奉承话，也会沾沾自喜，欣然接受你的赞美。逢人送一顶高帽子，能让你更受欢迎，从而更容易建立良好的人际关系。

　　为什么给人戴高帽子非常受欢迎？最主要的原因就是，渴望得到他人的肯定与尊重，已经成为人性中根深蒂固的东西之一，而给人戴高帽刚好满足了人性中的这种需求。那些自称不喜欢被戴高帽子的人，只是因为你还没有找到适合他戴的高帽子，一旦你掌握了他的特点，做到投其所好，就能成功地把高帽子戴到他头上。

　　从是否善于给人戴高帽的角度，我们可以把身边的人分为四类：第一类，总是擅长恭维人，喜欢给人戴高帽子，说话喜欢拣他人喜欢听的，能够建立良好的人际关系，人脉资源比较丰富；

第二类，不懂得赞美的艺术，不会主动给人戴高帽子；第三类，性格比较耿直，很看重个人尊严，明知道给人戴高帽子有很多好处，可是却不屑于这样做，觉得当面说出别人的优点是在恭维人，认为给人戴高帽子有献媚的嫌疑；第四类，为人比较吝啬，虽然给人戴高帽子不需要什么花费，没有什么损失，可是却不愿意这样做。一般情况下，后面这三类人往往容易吃亏，在现实生活中获得的利益比较少。

无论是在日常生活中还是在工作交流上，赞美别人是每一个人都可用的法宝。假如你想得到他人的帮助，又害怕对方拒绝你的请求，不妨先给对方送一顶高帽子。

小何在工作中遇到一个特别棘手的问题，想独立完成是不可能了，于是他想请小赵帮忙，因为小赵在这个领域颇有研究，懂得很多专业知识。不过，该怎么开口说呢？

小何来到小赵的办公室，对他说："赵哥，我遇到一个特别棘手的问题，实在是没能力独自完成了，能帮我一把吗？"

小赵正忙着自己的工作，眼睛一直盯着电脑屏幕，连头都没抬就回绝说："真是抱歉，这一段时间我工作挺忙的，抽不出空来。要不这样吧，你找一下其他人，看他们有没有时间。"

小何知道小赵不肯帮忙，于是决定送他一顶高帽子，便对他说："赵哥，在这个领域，谁都知道您是行家。可以毫不夸张地说，在咱们公司，您是这个领域的老大，没有您的帮助，谁都不可能独立完成。"

小赵是一个虚荣心特别强的人，听了小何的话后，他非常高兴，立即就答应了小何的请求，帮他完成了工作。

实际上，给人以赞美既可以取悦别人，又可以帮助自己，这是一种能让你迅速达到目的的策略，也是一种与人沟通的有效技能。不过，虽然每个人都渴望被人关注，被人欣赏，但是很少有人愿意接受和实际不符的虚伪奉承。

想赞美别人，就要具有比较好的洞察力，把握他人的心理，善于发现他人最得意的事情，然后赞美他最想让人提到的事情。只有这样，才能把恭维话说到别人的心坎上，让别人无法看出你在溜须拍马，从而收到良好的效果。假如你观察不力，恭维的都是别人的不足之处，甚至是别人极力隐瞒的秘密，那么你拍马屁就拍到马蹄子上了。虽然同样是给人戴高帽子，但是结果只会适得其反。

2. 抓住对方优点，重点赞美

恰如其分地称赞他人得意的事情，可以在很大程度上缩短两个人之间的心理距离，增加你在对方心目中的好感值。假如你经常在人前谈论他的得意之事，他就会非常高兴，对你充满好感，甚至把你奉为知己。

每个人都有被他人称赞的需求，因为被称赞能让人得到一种心理上的满足。与人沟通时，人们总是喜欢提及自己得意的事情，因为那些事情可以给他们带来快乐。因此，在现实生活中，不管是与朋友交往还是与客户交流，都不妨多谈对方得意的事，这样更能赢得对方的认同。比如，如果称赞将军，就称赞他曾经叱咤战场，曾经屡立战功；如果称赞医生，就称赞他妙手回春，以及他在医学上取得的突出成就；如果称赞学者，就称赞他才高八斗，称赞他发表的专著。一般情况下，每个人都有他独特的闪光点，都有值得自豪的地方，我们从这些地方出发，然后真诚地加以赞美，往往能收到不错的效果。

美国著名的柯达公司创始人伊斯曼，为了在罗彻斯特建造一座音乐堂、一座纪念馆和一座戏院，捐赠了很多钱。很多制造商都想承接制造这些建筑物里的座椅，为此，他们展开了激烈的竞争。可是，每一个找伊斯曼谈生意的商人最后都败兴而归。此时，一家公司的总经理亚当森前来拜见伊斯曼，希望承接这个项目。

还没见到伊斯曼本人，伊斯曼的秘书就给亚当森一个下马威，对他说："我知道您特别想得到这批订单，可是我必须告诉您，假如您占用伊斯曼先生的时间超过5分钟，您就无法得到订单。他可是一个大忙人，进去后，您应该速战速决。"

见了伊斯曼后，亚当森没有谈生意，而是对他说："伊斯曼先生，在我等您时，我仔仔细细地观察了您这间办公室。虽然我长期从事室内的木工装修，可是从来都没见过装修得如此精致的办公室。"

伊斯曼回答说："你不提这件事我都忘了，这间办公室是我亲自设计的，当初刚建好时，我特别喜欢，可是后来一忙，就忽略它了。"

亚当森来到墙边，拿手擦了擦木板，说："我敢说这肯定是英国橡木，意大利的橡木不可能是这样的质地。"

伊斯曼高兴地站起身，回答说："没错，这的确是从英国进口的橡木，我的一位朋友帮我订的货，他可是研究橡木的行家！"

伊斯曼的心情非常好，带着亚当森仔仔细细地参观他的办公室，把办公室里的每一样装饰都介绍给亚当森，从木质谈到比例，从比例谈到颜色，从颜色谈到价格，甚至详细介绍了他设计的经过。

亚当森始终保持微笑，饶有兴致地聆听着。见伊斯曼谈兴正浓，亚当森顺势询问了他的经历。伊斯曼毫无保留地讲述起曾经的苦难岁月，从青少年时期多么贫穷说到母子俩怎样在贫困中挣扎，最后谈到自己是如何发明柯达相机的，还谈到自己正计划着把巨额财产捐赠给社会。亚当森则一直露出钦佩的目光，对伊斯曼大加赞扬。

原本说好的谈话时间不超过 5 分钟，结果亚当森和伊斯曼聊了几个小时。就这样，亚当森拿到了订单，还和伊斯曼结下了终身的友谊。

为什么伊斯曼把这笔大生意给了亚当森，却没有给别人呢？这和亚当森的高情商不无关系。试想一下，如果亚当森刚进伊斯曼的办公室就谈生意，很可能会像其他人一样被赶出来。亚当森的高明之处就在于，他懂得从伊斯曼得意的事情谈起，巧妙地赞扬了伊斯曼的成就，这样就使得伊斯曼的自尊心得到了极大满足。

赞美别人不单单是说一些甜言蜜语这么简单，因为说甜言蜜语的人太多了，许多人对甜言蜜语已经形成了"免疫力"。赞美别人，就要考虑对方的性格、职业、文化修养、个人经历、心理需求，恰如其分地赞美对方引以为豪的事情。只有恰如其分地赞美对方引以为豪的事情，才能给人一种真诚、贴切的感觉，而不是给人一种虚伪、做作的印象。

不过，到位的赞美一定是建立在细致的观察之上的，因为只有通过细致的观察，才能投其所好，赞美得恰到好处。比如，对方是一个身材肥胖的人，你偏要赞美他的身材，肯定会给对方一种你在讽刺他的感觉；对方明明有口吃的毛病，你偏偏赞美他口齿伶俐、说话利索，估计对方不仅不会领情，还会有暴打你一顿的冲动。

与人沟通时，假如对方谈到了自己得意的事情，那就是期待你和他一起分享他的喜悦，我们可以把这当做是他准备接受你的赞美的信号。我们在人际交往中，可以抓住人们的这种心理，促成有效沟通，既然他想听的是别人赞美他得意的事情，为什么不多谈谈这些呢？赞美是有"保质期"的，千万不要等到"黄花菜都凉了"再去赞美。

3. 别出心裁的赞美给人意外惊喜

别出心裁的赞美往往能深入人心，变个花样去捧人更能拉近双方的心理距离。与人沟通时，我们要变个花样去捧人，让我们的赞美与众不同。

林肯曾经说："一滴蜜糖比一滴苦汁能吸引更多的苍蝇。"许多人都有虚荣心，都喜欢他人的赞美。可是，当对方每天都面对同样的赞美之词，已经心生厌倦的时候，你同样的赞美不仅不会赢得对方的好感，还会让对方觉得厌恶。因此，赞美他人时，我们应当变个花样，让我们的赞美与众不同。

著名作家三岛由纪夫的作品中曾有过对一名将军的描写，那名将军不喜欢别人夸耀他的功绩，也不喜欢有人称赞他的作战方式，却喜欢别人称赞他美丽的胡须。对于一位将军来说，英勇善战和富于谋略都是最基本的素质，是不足为奇的，如果在这些方面夸耀他并不能得到他的好感；相反，假如不称赞他的军事才干，而是称赞他的其他方面，肯定能让他感到无比满足。

李帅开了一家律师事务所，在一次校友聚会上，他结识了一位具有非凡才干的年轻律师，希望把他拉拢过来，到自己的律师事务所上班。不过，参加聚会的校友有很多，而且大家都是学法律的，开律师事务所的人不在少数，很多人都注意到了这位年轻有为的律师，都想把他收到旗下。

许多人都夸奖这位年轻律师口才好，在法庭上能够巧妙地辩论，一定会前程似锦。可是，李帅并没有这样做，甚至没有说一句赞美的话。他只是向那位年轻的律师讲述了自己成长的故事，然后对他说："我一直没向任何人讲过我的这些经历，没想到今天竟然把这些事告诉给你了。不知道为什么，我总觉得你这个人与众不同，比我见的那些律师多一些特殊的东西。"

几天后，那位年轻的律师主动给李帅打电话说："师哥，我想去你的律师事务所工作。怎么样，可以赏口饭吃吗？"

李帅非常惊讶，不解地问："你这么优秀，来我这'小庙'不怕容不下你这'大佛'？为什么会选择来我这儿上班？"

那位年轻的律师回答说："因为你给我的印象不错，我觉得你很真诚，不像那些心口不一的人。"

与人沟通时，我们常听到他人说："这是我们之间的秘密，我从来没有告诉给任何人，我觉得你与众不同，所以才告诉你。"这句话几乎已经成为今天的交际达人必备的新术语，被广泛地应用于和他人的交流中。听到这种话后，对方肯定会想：他信任我，所以才愿意把心里话告诉我，这说明我在他的心中有一定的地位；他没把心里话告诉给别人，却告诉给我，是因为他觉得我和别人不一样。

对于女性来说，每一个女人都喜欢别人称赞她的容貌，夸她倾国倾城，可是那些沉鱼落雁的女子，对这种赞美方式已经有了免疫力，不会有太大的惊喜。因为她们对自己的容貌有足够的自信，更喜欢别人可以从她们身上发现一些其他优点，希望听到一些新奇的赞美。遇到这种情况，与其赞美她们闭月羞花，不如赞美她们聪明、温柔、有能力，相信这会令她们芳心大悦，更会让你在她们心目中留下深刻的印象。

　　而对于销售人员来说，在与客户沟通时，那些千篇一律的说辞很容易让客户觉得厌倦，厌倦那些陈词滥调或不着边际的话。实际上，客户已经听惯了锦上添花式的赞美，不会因为听到这些而喜悦。就像一位很帅的小伙走进你店里时，你称赞道："小伙子，你真帅！"尽管你的赞美很真诚，可是他已经听惯了这样的话，所以很难产生喜悦感。假如你对他说："小伙子，你的发型真酷！"相信他一定会喜上眉梢。也就是说，只有那些有创意的赞美，才能触动客户内心深处的那根弦，让客户心甘情愿地和你交流。

　　一位长相很普通的女孩走进一家首饰店，销售员连忙迎上去，问："美女，您有什么需要？"

　　听到那声"美女"后，女孩并没有心花怒放，而是觉得那是一种讽刺，所以她冷冷地回答说："随便看看。"

　　销售员说："美女，您看一下我们这儿的项链吧，和您那漂亮的脸蛋非常配，买一条肯定能让您更加漂亮。"

　　女孩很生气，又走到另一家首饰店。

　　销售员问："小姐，请问您需要什么？"

　　女孩回答说："随便看看。"

　　销售员赞美说："您身上的这件裙子挺漂亮的，也很别致。"

　　女孩问："是吗？"

115

销售员回答说："是啊，这是渐变色吧，由浅入深，很独特的，显得您特别有气质。不过就是缺少一条项链，否则效果一定会更好。"销售员很聪明，此时才转入正题。

女孩回答说："其实我就是这么想的，只是苦于不懂得搭配，害怕选不好。"

销售员体贴地说："没关系呀，有我呢！来让我看看，给您选一条合适的，保证您满意！"

最后，销售员成功把项链卖给了这个女孩。

每个人都有自己独特的优点，经验丰富的销售员懂得根据每位顾客的特点，想出一些别出心裁的赞美。就像案例中的这个女孩，虽然相貌很普通，但是裙子却很别致，显得很有气质，销售员正是根据这一点来赞美她的。对于那些脸蛋比较漂亮的人，赞美她们漂亮无可厚非，可是对于那些长相一般的顾客，这样赞美她们几乎等同于讽刺。

因此，要想让别人认可你，就要抓住对方的心理需求，从独特的角度发现他们与众不同的特点，让自己的赞美新奇一些。

4. 真诚是所有赞美的前提

爱听溢美之词是每一个人的天性，每个人听到他人的赞美时，心中都会产生一种莫大的优越感和满足感。因此，懂得如何说赞美话的人往往比较受人欢迎，办事也更加顺利。

卡耐基曾说："赞美和阿谀奉承有什么区别呢？非常简单。赞美是真诚的，阿谀奉承是不真诚的；赞美是出自内心的，阿谀奉承是从牙缝里挤出来的。"其实，赞美和阿谀奉承有本质的区别。赞美是对他人优点的充分肯定，表达自己的尊重和敬佩之情，或给人以精神上的激励；相反，阿谀奉承是不惜牺牲自己的尊严去恭维他人，是出于一和不可告人的企图，是巴结、讨好别人，是令人不齿的趋炎附势。

霍尔·凯因出生在一个十分贫穷的家庭，父亲是一名铁匠。由于家境十分清苦，所以霍尔·凯因仅仅读了8年书，辍学后便开始在外面四处打工。霍尔·凯因一直都很喜欢十四行诗和民谣，十分崇拜英国诗人罗赛蒂的文学和艺术修养。

一次，霍尔·凯因给罗赛蒂写了一封信，在信中高度称赞了罗赛蒂在艺术方面取得的突出成就，并且倾诉了自己的仰慕之情。

接到信后，罗赛蒂十分高兴，虽然从没有见过霍尔·凯因，却对他充满了好感。罗赛蒂心想：他这样赞美我，可见他能读懂我的诗，肯定是一个特别有才华的人。不久后，罗赛蒂邀请霍尔·凯因来伦敦做自己的秘书。

霍尔·凯因做梦也没有想到，自己竟然有机会做罗赛蒂的秘书。这件事情改变了霍尔·凯因的一生，因为出任罗赛蒂的秘书后，霍尔·凯因有许多机会和当时的著名文学家往来，因此得到了很多文学家的指点和鼓励。几年后，霍尔·凯因逐渐在文学圈内崭露头角。

不久后，在罗赛蒂的帮助和自己的努力下，霍尔·凯因终于取得了成功。如今，霍尔·凯因的私人府邸成了世界各地观光者必定要瞻仰的名胜之一。

其实，霍尔·凯因之所以能够迈上成功之路，很大程度上是因为他对别人的一次赞美。假如当初他没有写信给罗赛蒂，也许他只能穷困一生。

虽然人人都喜欢听赞美话，但是没有人喜欢听特别露骨的奉承话。由于真正能打动人的是发自内心的真诚，所以，赞美并不是单纯的阿谀奉承。

真诚的赞美反映的是一个人对另一个人的认可，可能是觉得对方比较漂亮，也可能是觉得对方品格高尚，还可能是觉得对方的言谈举止合乎自己的原则。也就是说，在两个人中，其中一个人在另一个人身上发现了符合自己理想和价值标准的可贵之处。可是，阿谀奉承却不是如此，它并不是发自内心地认可另一个人，而是出于某种目的，更像是一种投资。有人说："阿谀奉承者的语言是热情的，可是内心却是冰冷的。"

赞美之词要实事求是。有理有据的赞美才能深入人心，而缺乏依据的赞美只不过是在凭空捏造。赞美他人时，一定要有针对性，而不是任意夸大只能用一般词语赞美的东西。阿谀奉承之徒刚好相反，他们总是把一个人的缺点夸耀成优点，赞美他人时夸大其词，把他人的小优点吹捧成大优点，以此取悦他人。并非所有赞美都可以让听者高兴，只有那些建立在事实的基础之上的赞美才能让对方受用。如果你的赞美之词无根无据、虚情假意，对方不但会觉得莫名其妙，还会觉得你油嘴滑舌、虚伪狡诈。

5. 巧用背后赞美，事半功倍

现代社会，不管是父母对待孩子，还是成人之间的彼此交往，人们都更加重视赞美的重要作用。因而，与以往的不好意思直接赞美他人相比，现在越来越多的人把赞美挂在嘴边，动不动就赞美他人。虽然慷慨的赞美有利于人际关系的提升，但是泛滥的赞美却往往事与愿违，导致一切事情都改变了味道。

很多人在听到他人频繁的当面赞美时，总觉得这份赞美是虚情假意的。因而，他们非但不感激他人的赞美，反而对他人心生抵触，甚至产生戒备心理。在这种情况下，慷慨地给予他人赞美已经不是当务之急，最要紧的是如何采取最恰到好处的方式，才不至于让赞美产生误解。

只要用心细心，赞美还是有很多办法让他人相信的。例如，对于初次见面的陌生人，我们应该赞美其显而易见的优点；对于熟悉的人，我们应该赞美他们不为人注意的地方；对于虚荣心强的人，我们可以当着他人的面给予赞美；对于低调内敛的人，大张旗鼓的赞美往往使其感到不适，唯有真诚的发自内心的赞美，才能让他感受到你的用心……在诸多方法中，最好的赞美方式就是背后赞美。

何为背后赞美呢？顾名思义，就是在被赞美者不在场的情况下，当着他人的面真诚地赞美他们。在大多数情况下，人们都渴望得到赞美。然而，当面赞美虽然效果很好，但是如果稍有不慎，尤其是在有求于人的时候，就会给人以虚伪的感觉。背后赞美则完全不同。背后赞美首先并不是直接赞美，而是当着第三人的面赞美对方，因而你赞美的动机会显得非常纯粹，即你一定是出于真心才会在背后赞美他人。也是从这个角度出发，恰恰证明了背后赞美一定是发自内心的，否则谁会在当事人不在场的情况下拍马屁呢？当这番赞美之词通过他人之口传到当事人耳中时，当事人一定会非常感谢你的真心赞美，也会相应地对你产生好感。背后赞美便成了真诚赞美的象征，一句背后的赞美，往往抵得上100句当面的赞美。如此一来，你与对方的关系当然会变得更加亲密，当你提要求的时候，对方作为回报也不会拒绝你。

单蕾是个应届毕业生，毕业后就进入现在的这家公司工作，因为不懂得人情世故，也不明白职场的很多潜规则，因而没少得罪人。这不，前段时间上司因为单蕾负责的一项工作没做好就大发雷霆，当着办公室所有同事的面训斥了单蕾。单蕾从小在父母的细心呵护下长大，哪里受过这个气呀？因而当场与上司顶撞起来，弄得上司也非常难堪。为此，上司愤然离去，不愿意再与单蕾沟通。

事后，学姐知道这件事，狠狠地批评了单蕾一顿，说："你这个黄毛丫头，初出茅庐，哪里懂得职场上的艰难哪？难道你以为上司也会和你的父母那样宠爱着你吗？别做梦了。对于上司，总归是应该尊重的。上司训斥你你觉得丢脸，那么你当着那么多人的面顶撞上司，不买上司的账，难道上司不觉得丢人吗？如果不想办法尽快缓和关系，现在还是冷落你，过段时间就该找个理由辞退你啦！"听了学妹的话，单蕾这才意识到问题的严重性。然而，让她直接找上司道歉，她可不甘心，也不好意思。如何才能既向上司示好，又保全自己的面子呢？思来想去，单蕾想出了一个好办法。

有天中午吃饭，单蕾特意凑到马凯身边，与马凯同坐一张桌子。原来，马凯是上司的心腹，上司不但工作上器重马凯，生活中也与马凯私交甚好。单蕾一边吃饭，一边漫不经心地谈起自己工作以来的感触。她不露痕迹地说："马凯，你最喜欢办公室里的谁呢？"马凯笑而不语，说："你呢？"单蕾逮住机会赶紧说："我最喜欢张主管。虽然他是我们的顶头上司，而且对我们要求严格，但是在他的管理下，我觉得自己进步神速呢！最重要的是，张主管特别宽宏大量。上次，我在办公室里公然与张主管顶撞，原本以为自己一定死定了，肯定会被开除。不承想，这都半个月了，张主管对我一如往昔，还是经常点拨我，帮助我。要不是张主管宽容，只怕我现在又在四处找工作了呢！"马凯笑着说："当上司也不容易，我们都要互相体谅啊！"事后，马凯在与张主管聊天时，自然而然地说出了单蕾的这番话。张主管笑着说："这个小丫头，还算是有良心，心思也挺细腻。"

不得不说，单蕾还是非常聪明的。她既不好意思直接找张主管道歉，又担心自己的工作不保，因而就想出了这个两全其美的好办法，既背后赞美了张主管，收到了良好的效果，又保住了自己的工作，还有可能得到心中释然的张主管特殊的优待，简直好处多多。

任何时候，背后赞美他人的效果都是更加显著的，比当面的恭维显得更真诚，也更容易让人信服。尤其是在职场上与上司相处时，当面的赞美很可能被当成曲意逢迎、阿谀奉承，但是背后赞美则不存在这个问题。当有朝一日你的赞美传到上司耳朵里时，你一定会在上司心目中留下好印象。此时，即使你与上司此前有什么不愉快，也会烟消云散。

背后赞美拥有强大的力量。在与他人交往的过程中，如果你想给他人留下好感，拉近自己与他人之间的关系，你就可以采取背后赞美的方式表达真心实意。如果你还想有求于人，那么你也可以运用这种心理学策略，故意在与对方熟悉的第三人面前赞美对方，相信不久之后你的赞美就会传到对方的耳朵里，给对方以大大的惊喜。

第三章
大家都爱幽默大师

1. 幽默是缓解气氛的法宝

与人交往交流，大家都能够开开心心，各抒己见，一直保持情绪高涨，是每个谈话者都期望见到的情景。但是，每个人都难免会遇到彼此都进行不下去的话题，这就是所谓的"冷场"。

实际上，生活中很多人与别人交流的时候，提出的一些话题经常不能引起别人的兴趣，或者人们不愿对此做出反应，这样就导致了冷场。比如，一个人总是喜欢谈论与自己生活琐事有关的话题，这样的话题，开始时大家出于尊重可能会耐着性子听，可是时间久了，大家就会慢慢厌烦，毕竟谁愿意一直做别人的陪衬品呢？而且这样的话题无非就是一些每个人都会遇到的小矛盾，大家境遇相似，没什么稀奇，也没必要拿出来进行反复"探讨"。这样，交谈的活动就无法继续进行下去了。

比如，有些人总是喜欢打听别人不愿意透露的信息，不经意间揭人家的短，类似于某某人的薪资待遇如何，工作时最看不惯谁，跟家人的关系怎么样，等等。其实，对于别人来说，这些就是他的隐私。既然是隐私，他肯定不愿意提及。如果你总是有意无意地打听这些事情，他就会觉得你很唐突，要么他会选择沉默，要么他就用一些含糊的理由搪塞你。正是由于你不合适的打探，导致了尴尬的出现。

再比如，有时候一个人为了迎合他人的意愿或者话题，故意不懂装懂，或者歪曲事实，在那儿胡编乱造。但毕竟这些话题是他不了解，没有建立在事实基础上的事情，说不了几句自己也会"编不下去"，"冷场"就出现了。

其实，冷场时，如果有人能用幽默的语言激起大家谈话的兴致，或者是在搞笑中化解尴尬的气氛，就可以让大家忘记之前的不快，顺利进入下一个话题。可以说，幽默是冷场的救命稻草。

小松是一位列车售货员，他负责售卖糖果、花生、瓜子等一些小零食，包括地方特产——德州扒鸡、天津大麻花、内蒙古牛奶片等。

夏天最热的时候，也是内蒙古牛奶片一年中销量最淡的季节。但是列车上有规定：每位售货员每趟火车必须售出 10 箱，也就是将近 500 包的内蒙古牛奶片。小松为了完成任务，使出了浑身解数。

小松走到列车中间，清了清嗓音，然后对旅客们说："大家好，我是本次列车的售货员小松。在这里耽误大家几分钟时间，让我来介绍一下自己。我叫小松，来自内蒙古呼和浩特，出生在一个贫穷的家庭里。虽然我们家非常穷，但是我爸妈最后仍然供我上了大学，大家知道是为什么吗？"

此时大家开始议论纷纷，有的说是借亲戚朋友的钱，有的说是政府补助的，甚至还有人半开玩笑地说是砸锅卖铁才供他上的学。总之，各种奇葩的理由乘客们都说了一遍。

看着乘客们急切的眼神，小松最后大声说："你们真的很'笨'，这都猜不出来！"

听完小松的话，大家都尴尬到了极点，车厢里静悄悄的，谁也不说话了。

眼看大家讨论的激情就要被浇灭，交流马上就要冷场了，小松却一本正经地说道："其实当时我们家卖了几头牛，一头牛卖的钱也不多，也就卖了一万多块钱吧。由于我们家真的很穷，也没卖几头牛，也就四五千头吧……"

小松说完此话，整个车厢的人都哈哈大笑起来。大家都明白了小松刚才所说的都是"反话"，当然，刚才尴尬的气氛也一扫而光了。

小松见大家又来了兴致，就接着调侃道："但是，我妈当时特别聪明，她只卖了公牛，把母牛给留了下来。为啥？因为母牛可以产牛奶呀！但由于牛奶太多了，不好保存，我妈妈就把这些奶用吹风机风干，切成了片儿。这就是我手中牛奶片儿的最原始做法。它具有牛奶所有的营养价值，能够美白、润肤……"

大家听着小松的话正在沉思，突然，小松眉毛一挑，一本正经地说："其实，我昨天就是因为自己太黑了，没敢来见你们，然后晚上吃了几块我手里的内蒙古牛奶片，今天变白了才敢来见大家！"

大家又被小松的夸张给逗乐了，哄堂大笑起来，并且还一边笑一边议论起牛奶的美白效果来，气氛一下子就活跃了起来。

"不仅如此，它的口味还特别好。来，各位旅客朋友们，不信的话就来尝尝我这'美白神器'的味道如何。"小松说着就拿出了早已准备好的牛奶片。

就这样，小松轻松地卖出了所有的牛奶片，顺利地完成了任务。

小松正是由于在话题快要冷场的时候，善于运用幽默的语言化解尴尬，让每个客户时刻保持情绪高涨，才能顺利达到自己的目的的。

生活中与人交流，一定要学点幽默的方式和方法。在遇到冷场的时候"幽上一默"，可以让你受到周围人的喜爱。

2. 自嘲，让人刮目相看

"自嘲"，网络上又称"自黑"，是当一个人有了过错，受到别人过分的嘲讽时，通过"自毁形象"来化解尴尬的一种手段。"自嘲"是幽默的一种，它其实就是让听众知道：我对大家是坦诚的。通过放下身段，巧妙地拿自己"开涮"，拉近与听众的距离，调动现场的气氛，为自己博得"满堂彩"。

朱莉是一名女演员，从 20 世纪 20 年代到 80 年代一直活跃在银幕上，但是她在晚年的时候日渐发福。因此，每次好友邀请她去海滨浴场游泳，她总是找各种理由推托掉。

在某著名品牌的开业活动上，一位娱乐记者偏偏针对这个问题向朱莉提问："朱莉女士，您是不是因为自己太胖，怕出丑才不敢去海滨浴场游泳的？"

朱莉想了一下，爽快地回答道："你说得很对，我是因为自己胖才不去海滨浴场的，因为我担心飞行员在天上看见我时，以为又发现了一个岛屿。"

在场的人听后，发出了一阵善意的笑声，并不由得鼓起掌来。

一场小小的尴尬，很快便消失得无影无踪。

当记者问起昔日光鲜亮丽的女演员关于"胖"的问题时，聪明的女演员并没有回避，而是进行了巧妙的夸张解答："因为我担心飞行员在天上看见我时，以为又发现了一个岛屿。"这样的回答形象生动而富有幽默感，还避免了谈及自己"怕出丑"这样一个尖锐的话题。

这位女演员用诙谐的语言自嘲了一把，既没有被记者牵着鼻子走，又活跃了现场气氛，同时，还给大家留下了一个良好的印象，将自己乐观、自信和勇敢的一面展现在大家面前，不失为一个高明而有趣的回答。

人生旅途其实很漫长，谁都会不小心摔跤，陷入难堪的境地。此时，学会恰当自嘲就很有必要。表面上看是嘲弄了自己、笑话了自己，但事实上，却是一种大度和从容的智慧。

许多娱乐圈里的明星或者是拥有讲话技巧的交际者，往往都

127

懂得运用幽默的语言进行自嘲，来化解自己的尴尬，实现由劣势向优势的逆袭转变。

娱乐圈中，在"自嘲"这条道路上做得比较成功的应该就数杨幂了。

在拍摄《小时代》海报时，杨幂被许多网友吐槽摆的姿势都是托腮。对此杨幂幽默地自嘲道："时间在变，我们在变，我们说好的誓言也在变，唯一不变的只有林萧（《小时代》中杨幂饰演的角色名字）牙疼的右脸。"

杨幂通过调侃自己托腮的动作为"牙疼的右脸"，顺利地把大家的注意力从"杨幂摆拍姿势差"这个话题转移到了她幽默的比喻上。她不仅把快乐带给了大家，更掀起了一股自嘲潮流。杨幂作为这个话题的发起人，她自信并自嘲的态度被许多人夸赞"接地气""坦荡"，一时间吸引粉丝无数。

还有一次，杨幂演唱《宫锁心玉》的主题曲《爱的供养》时，有人吐槽她的嗓音嗲，难听；更有人编了个段子放到网上来讽刺她："你们不要再黑杨幂了，我的命都是她救回来的。我因为一场车祸昏迷了三个月之久，有一天护士打开收音机，里面放着《爱的供养》，于是我爬起来把收音机给关了！"

对此，杨幂也特意发微博回应称："每一天，都希望自己能过得开心，过得有意义。比如没事做的时候，就想唱唱歌，救救人什么的……"她幽默地以其人之道，还治其人之身，从发起者的话题中就地取材，将尴尬不知不觉地转移给了对方。当然，大家茶余饭后的话题也顺利地从"杨幂唱歌难听"变成了"杨幂霸气回应抨击者"，杨幂打了一个漂亮仗。为此，好多人被杨幂机智的反击折服，纷纷"路转粉"。

自此以后，许多公众人物更加喜欢运用"自嘲"来吸引大众视线。比如主持人欧弟，经常调侃自己的身高和长相，反而赢得了许多观众缘。再比如商界传奇人物马云，他常常拿自己奇怪的长相来调侃："首先，说我'瘦马'的人有，说我'俊马'的人很少，说我'俊马'说明你的眼光真的很不一样。"但这些自嘲的话丝毫无损于马云在许多人心目中的正面形象，反而让更多人对其更加喜爱。

"自嘲"不仅在明星、名人中异常流行，普通人也常常把它当作拓宽人际交往的技能。

小宋是个很矮的保险业务员，是那种一站到人群中就明显感觉到矮的人，但是喜欢和一群个子很高的人打篮球，并且每次都玩得特别投入，特别有激情。许多业务员经常在背后偷偷议论他："明明长得像个陀螺，却喜欢打篮球。"

但是小宋却这样回应别人的无礼："我人生中的最大乐趣就是和大自然作斗争。它喜欢高个子，我就偏偏长成个陀螺！"

他这种敢于"自嘲"的精神，受到了许多人的敬佩。而那些背后议论他的人，也慢慢地被他的大度所折服，开始越来越喜欢他。

其实，敢于幽默自嘲的人，绝对是拥有强大内心的人。自嘲者往往拥有较高的自我价值感和自我效能感，以"黑自己"来取悦身边的朋友。自嘲的本意并不是真的"嘲笑"，而是在传达一个态度：我不会惧怕任何人对自己恶意或者善意的抹黑。

另外，自信者的"自嘲"还体现了一种人际交往的大智慧。不管是什么样的人，都喜欢真实的感觉。比如，有些人对外界表现得很"高大上"，大家就会觉得他"特别装"；若是他真的出点儿丑，大家反而会觉得他"很接地气"，觉得与自己有相同的地方，当然就更愿意与他交流交往。

自嘲者运用的是一种化攻击为赞美的有效手段：别人对你恶意攻击，你努力"接住"，而不是把这种攻击反击回去。这样大部分的人都会对你表示赞许，认为你大度、性格好，等等。当然，你反其道而行之的态度亦会越来越吸引其他人与你做朋友。

所以，生活中一个聪明的交流者往往会选择"避重就轻"地"自嘲"来迎合对方，让事情变得既好笑，又不失分寸。假如一个人开自己的玩笑，并且也不会介意别人加入自己的玩笑，大家都把这些讽刺的话当成玩笑，谁都不会当真，又都很开心，何乐而不为呢？当然，自嘲者也因此而拥有了好人缘，增加了喜欢自己的"粉丝"，可谓日常交际中的"双赢"。

3. "不正经"的建议更易被采纳

不管是在办公室里，还是在日常生活中，总是有一些时候需要你向他人提出一些意见或者建议。

比如，一个跟你一起工作的同事总是喜欢大声说话，搞得你没办法静下心来工作；比如，一起生活的亲人总是把家里搞得乱七八糟，又不收拾；再如，上司制订了一个销售计划，但是你有不同的建议，并且确信效果会更好……当你面对这些问题时，直接提出自己的意见或者建议就会让大家都比较尴尬，给别人留下"不通情理"的坏印象，影响你的好人缘。再者，直接向你的上司提出自己的"好意见"可能会让他产生一些逆反情绪，如"就你聪明""就你爱出风头"，影响你的日常工作和升职。

所以，即使你对公司的待遇或者某些人的行为有一些不同的建议，也要讲究方式方法。不过，人类总有一些独特的社交本领，千百年来在人际交往中被广泛运用，"开玩笑"就是其中的一种。

小齐是一家公司的小职员，每到吃饭点儿就是他最痛苦的时候。因为公司的伙食实在是太差了，不夸张地说简直就是"三月不知肉味"。

但负责大家伙食的厨师长是小齐他们老板的一个远房亲戚，大家都不敢惹，也不敢提意见，只能忍着。有的同事实在忍不了就去外面叫外卖，不过长期下去也不是办法，因此大家都想找个机会跟公司老板提提建议。

一次，老板接了一个大订单，心情不错，就慢悠悠地在厂里巡查，走到餐厅的时候，正好碰到大家在吃中午饭。

"天哪，我这排骨汤里竟然有排骨，真是千年一见啊！吃了这碗汤，我这是不是要考虑减肥了呀！"小齐见老板刚好走到自己身边，就故意大声地说道。

"嗯，咱们公司的伙食一般般，但这样才能培养大家艰苦奋斗的精神啊！你说是不是呢？"因为心情好，老板听完小齐的牢骚不怒，反而笑盈盈地说道。

见老板的心情大好，小齐胆子也大了起来，就开玩笑地说："是啊，我这一个月从160斤瘦到了140斤，艰苦程度和奋斗精神让我对自己'刮目相看'！"

听完小齐的话，老板哈哈大笑起来，边笑还边说："我马上给咱们职工改善伙食，一定做到每顿都有肉吃。"

小齐正是用"让我对自己'刮目相看'"这种既幽默又夸张的语言开玩笑，既提出了自己想要改善伙食的建议，又没有惹老板不高兴。

王老师是一位有着多年教育经验和资深教育资历的高中数学教师，他的班里有一个聪明但不爱学习的捣蛋鬼刘洋。

一次数学晚自习上，大家都在埋头苦思，安静地做着各种数学题，以迎接两个月以后的高二期末考试。

刘洋突然站起来问道："老师，我听说鱼肉里面有大量磷和蛋白质，对大脑帮助非常大。您说如果我现在就开始吃鱼的话，两个月后期末考试是不是就能过关？听说您以前也爱吃鱼，那我应该吃哪种鱼，又该吃多少呢？"

王老师听了刘洋的话，说道："如果照你现在的这种学习态度的话，你期末考试之前得吃掉一条鲸鱼才行！"

听了王老师的话，全班同学哄堂大笑，刘洋也跟着大家乐开了花。

但自此之后，刘洋一改往常的学习态度，果然在期末考试中取得了优异的成绩。

王老师正是用"吃掉一条鲸鱼"跟刘洋开了个玩笑，既明确说明了在两个月内吃掉一条鲸鱼是完全不可能的，同时又推翻了他想要"靠吃鱼来补脑"从而通过期末考试的想法，暗喻只有努力学习才能取得好成绩。当然，这个玩笑很搞笑，刘洋能轻易地理解老师的建议并且记忆深刻，这也促使他以后积极端正了自己的学习态度，从而取得了好成绩。

对于许多员工来说，最大的苦恼就是自己有好的建议，却不知怎样跟上司提出，自己的才能无法得到上司的赏识。如果直接和上司提出的话，上司也不一定会真心接受。这时候你就要学会在恰当的时机跟上司开一些"国际玩笑"，趁机将自己的一些好建议跟他提出来。

因此，当你想对周围的亲朋好友、同事爱人提出一些好的建议，或者是你感觉"怀才不遇""英雄无用武之地"的时候，不妨试着在跟他人开玩笑的时候，或者是以开玩笑为媒介，借机向他阐述自己的建议。给他人一个机会，也给自己一个机会。

4. 用幽默将攻击反弹

与别人交流时，难免会遇到一些野蛮、无礼的人对我们进行斥责和羞辱。很多人都会选择"骂回去"，以此来捍卫自己的尊严，甚至会"打回去"以彰显自己"人不犯我，我不犯人"的"态度"。

但是，急于回击别人的无礼，损失最多的是你自己，而不是那个羞辱和斥责你的人。因为如果你以无礼回击别人的无礼，外在表现也是低俗、野蛮的，这样就会破坏你原来在他人心目中努力塑造的好形象，严重的将会使自己的人际关系面临危机，反而得不偿失。

其实，面对一些傲慢无礼的人，最好的反击方式就是幽默。

老张是一个个头只有一米六，长相、能力一般的青年。但是，他却娶了一位貌美如花的"学霸"小刘回家。对此，许多同事都很是嫉妒，心里不服气，明里暗里地挖苦他。

有一次，老张和他媳妇以及老张的一伙同事一起吃饭。席间，有一位同事早就看不惯老张，就想让他出出丑。但是，他从老张身上找不到突破口，就想从老张的媳妇小刘身上找突破口。

那个同事故意以敬酒为理由笑嘻嘻地向小刘发难道："嫂子，我知道你是个学霸，个子又高。不过你嫁给了这个矮胖小子，就不后悔吗？不知道老张究竟对你用了什么样的手段，把你忽悠住了？你到底图个啥呢？"

他打定主意这个问题很难回答。如果回答是"因为爱情"，大家肯定会笑话她"假清高"；如果是因为别的原因，则会让老张出丑。

没想到小刘想都没想地回答道："就图老张的个头呀！"

听了小刘的话，大家都面面相觑。小刘此时话锋一转，接着说道："马云也不高啊，所以浓缩的才是精华啊！"

一句话将那个挑事的同事"噎得半死"，悻悻地将手中的酒一饮而尽。从此以后，再也没有同事敢取笑老张了。

小刘就是一个会说话的聪明人，懂得用幽默进行反击。她首先顺着那个同事的话说是"因为老张的个头"，让那个同事以为小刘掉进了自己设计的陷阱。当他正在得意忘形之际，小刘又用"浓缩的才是精华"反将一军。

因为凡是取笑老张个头矮的人，肯定会以自己的身高为傲。小刘搬出马云个头矮却人人都敬佩的事实做靠山，既证明了个头矮的人才会有一番大的作为，又暗讽了那位同事空有一副大块头，让那个发难的同事"搬起石头砸自己的脚"，有口难辩。

其实，运用幽默的话语进行反击，就是要像小刘那样，表现出一种"压力下的风度"，礼貌地"以彼之道，还施彼身"。

多多今年刚刚10岁，但是在外语上却表现出惊人的天赋，他的妈妈也常常引以为傲。

一次，多多跟着他的妈妈去一个朋友家玩，恰巧那个朋友家有个比多多大几岁的少年正在做英语试卷。多多见那个少年看了半天也没有写出正确的答案，出于好奇，就瞄了一眼英语试卷。不一会儿，他就报出了正确的答案，在场的人都惊呆了，大家纷纷夸赞多多聪明。

那个男孩看自己被一个比自己小的人比下去了，就很不服气地讥讽道："小时候聪明的人，长大了不一定有用！"

没想到多多回答道："那哥哥你像我这么大的时候，肯定很聪明啦！"

惹得满屋子的人都哄堂大笑，那个讥讽多多的少年也囧得羞红了脸。

多多正是借用少年的话"小时候聪明的人，长大了不一定有用"，进行了反击"你像我这么大的时候，肯定很聪明啦"。表面上礼貌风趣地夸奖那个少年，实际上是暗讽他现在很笨。这一招"以彼之道，还施彼身"，巧妙地把少年抛来的"炸弹"又给他抛了回去。

生活中许多人运用幽默来反击他人的无礼，得到了比直接反击更有力的效果。其实，许多名人、演说家，也将幽默作为自己反击他人的"宝典"。

美国著名作家马克·吐温在没有成名的时候去参加一个宴会。宴会上他与一位女士坐对面，出于礼貌，他说了一声："您真漂亮！"没想到那位女士却高傲地讽刺道："可惜我没办法同样来赞美你！"马克·吐温说："没关系，你也可以像我一样，说句假话就行了！"

那位女士听了马克·吐温的话，羞愧地低下了头。

马克·吐温表面上赞同女士对自己的侮辱，推翻自己夸奖女士的话，实际上就是在说那位女士也不值得人赞美。可谓借那位女士的话，反击了那位女士，反击的最大力度也不过如此吧。

所以，懂得说话艺术的聪明人永远不会直接用一些侮辱性的语言来反击他人的无礼，让自己给别人落一个"素质低"的把柄。他只会运用幽默的话，间接地回击他人，既表现出了自己的大度，又能让自己的反击效果成倍增加！

5. 把握好尺度，绝不过线

开玩笑，本来是一牛众乐乐的事，但如果开玩笑的对象闷闷不乐，那么，这个玩笑就是一种伤害。

气氛尴尬的时候，一句玩笑话很可能瞬间就让压抑的气氛轻松下来，这时玩笑话就起到化干戈为玉帛的作用。然而，有些人开的玩笑，根本不像是在开玩笑，更像是在挖苦和嘲讽别人。所以我们要明白，尖酸刻薄和幽默感完全是两回事，不要把它们弄混。

当你直接跟一个人说，他简直笨得像头猪，或是跟你的房东直言，他家的装修很土气时，或许你觉得自己是在开玩笑，但是对方很可能并不买你的账，觉得你已经伤害或侮辱到他们了。

李彤正在读大学，因为天生就比较黑，所以被宿舍里的董峰起了一个外号——黑哥。

可是，这件事却让李彤十分不高兴。宿舍其他人似乎都能感觉到他的不开心，渐渐地，也都不叫他的绰号了，偏偏只有董峰，无论何时何地还是会用"黑哥"来称呼他。

李彤说，他和舍友的关系相处得挺好，就连和给他起绰号的董峰的关系也不错，唯一让他不高兴的就是被别人叫成"黑哥"。其实，不光起绰号这件事，董峰还经常拿他肤色黑讲各种段子。

讲到这里，可能有人会说，这个李彤太"玻璃心"，不就是被人说一下肤色黑嘛，这也没什么，没必要和舍友闹别扭。可能起绰号的董峰也是这样想的，"这不过是同学之间的玩笑话罢了"，因此，并没有把它当回事。虽说拿一个人的肤色黑开玩笑算不上是挖苦讽刺，但是旁观者和当事人的感受是不同的。我们不是李彤，无法感同身受，就会觉得这是一件小事。

也就是说，如果你开的玩笑并不好笑，已经超出了适度的范围，就必须考虑是否伤害到了别人，这一点很重要。此时，如果你的道歉毫无诚意的话，只会适得其反，让局面变得更糟。所以，你要避免说这样一些话：

"我不是这个意思，这纯属意外。"

"我真的不懂你为什么要生气，放轻松一点嘛。"

"这没什么大不了的吧，纯属口误。"

"我已经说对不起了，你还要我怎么样？"

如果你有同理心，不妨这样想一想：其实这个世界上真的没有人喜欢别人拿自己的短处和缺陷来开玩笑。想想自己曾经的遭遇吧，当我们成为别人开玩笑的对象时，是不是心里觉得很憋屈，一万个不高兴？遗憾的是，那个开我们玩笑的人，还觉得不就是一个玩笑嘛，何必这么当真。

如果你真的想道歉，那么就真心诚意地向对方道歉，并让对方感觉到。你可以试着这样说：

"真的很抱歉，我真不知道自己在想什么。"

"你尽管说，我该如何赔罪？"

"我没那个意思，这简直太蠢了。"

"我对不起你，我怎么这么没脑子。"

"是我把事情搞砸了，请你原谅我吧。"

"我肯定说错了什么，真的很抱歉。"

"我完全没有伤害你的意思，对不起。"

"如果换作我，我也会生气的。所以，真的很对不起。"

有些话、有些事，对一些人而言可能无关紧要，但是对另一些人而言可能就关乎人格和尊严，毕竟我们很难做到感同身受。所以，开玩笑的时候，无论是有心还是无意，一旦开玩笑的对象露出了不悦的表情，就要立刻停止，并且事后做出真诚的道歉。因为道歉是生活的黏合剂，可以修补任何东西。

当然，既然要道歉，就好好地道歉，然后把这件事忘个精光，别总是提起。另外，道歉的时候也要避免过度戏剧化，否则会让人心生反感。例如，这些话就明显说过了头，让人看不到你的诚意：

"我真的非常、非常、非常抱歉。"

"我的天啊，我怎么这么笨，我简直就是天底下最大的笨蛋。"

总而言之，开玩笑就是为了活跃气氛、增进感情。所以，在开玩笑的时候，一定要三思而后行，不要因为不恰当的玩笑而损害了人际关系，否则就得不偿失。

第四章
让拒绝与批评更容易被接受

1. 勇敢说"不"，不委曲求全

与他人交往，难免会遇到别人的无理要求，甚至有一些人总是随意触碰别人的底线。第一次你若答应了他，他就会认为你凡事无所谓，不知不觉地得寸进尺，接着是第二次、第三次……

你在面对他人过分要求时的忍让，不仅伤害到了自己，还会对你们长远的交往不利。因此，想要获得长久的朋友，在这种事情上千万别含糊，面对他人触及底线的要求，应坚决地说"不"。

小静是一个建筑公司的总经理助理，既漂亮又文静。她由于刚来公司没多久，所以对一些事情不了解。为了让自己能尽快地成长起来，她总是最早一个来到公司，最晚一个离开公司，对别人也总是乐于伸出援助之手。

一次，公司总经理说让她晚上和自己一起陪客户吃饭。公司的老财务荣姐偷偷将她拉到一边说："你可小心咱们葛总啊，他让你去吃饭，肯定会让你陪客户喝酒。那些客户总是喜欢对女孩子动手动脚的，公司好多女同事都吃过这个亏。"

小静听完荣姐的话，就来到总经理办公室，礼貌中带着坚定的语气对总经理说："葛总，今天晚上吃饭归吃饭，但我决不喝酒。如果客户真的对我做得很过分的话，我就很难继续做这份工作了！"

总经理见小静态度如此坚决，就笑着说："没那回事，你别多想。让你去就是给我拿着资料，到时候记得提醒我。"

果然，那次晚饭，葛总又另外叫了一位男同事陪酒，整个吃饭的过程大家也都对小静恭恭敬敬的。

听完小静的经历，大家都被小静的勇气所折服，纷纷竖起了大拇指。

正是由于小静在正对这种办公室潜规则时，开门见山，敢于直接拒绝，才既防止了自己受到伤害，又获得了同事们的尊敬。

面对拒绝，很多人的反应都是无法说出口。他害怕伤害到别人，害怕让朋友失望，损害友情，也害怕因为拒绝而断了自己的门路。因此，他情愿选择委屈自己，也要满足他人的要求。可是，任何事情都有一个底线。当你的朋友请求你协助他做有悖于道德或法律的事情；当你的同事向你借钱，但你知道借给他根本就是"打水漂"；当你的老板对你表达暧昧；当一位员工提出要你给他额外加薪，而他做的事情本来就是他分内的事；当你的朋友总是打探你的隐私……当你面对这些触及自己底线的事情时，请坚决而直接地回答："对不起，我不能帮忙。""不好意思，我不愿提及这些！"

2. 巧移话题，拒绝也不难

若你不想听别人说的话，又不好直接拒绝对方，最好的办法就是堵住对方的嘴，不断转移话题，打断对方。这样的做法看起来似乎不太礼貌，其实一点问题都没有，因为是对方不礼貌在先。

有个女孩使用这种方法拒绝了男孩的示爱。

男孩和女孩在一起工作，渐渐地，男孩对女孩产生了爱慕之情，女孩也发现了某些苗头。男孩想要表白自己的心意，获得爱情，于是就鼓足勇气对女孩说："我想问问你，你是不是喜欢……"女孩似乎很紧张，她当即就把话打断："你给我借的那本公关书，我喜欢啊，我看了两遍，很不错。"

男孩以为女孩没有理解自己的意思，又说："嗯，你看不出来我喜欢……"没想到女孩又打断道："我知道你也喜欢公共关系学，以后咱们一起交流学习心得吧。"男孩说："嗯，好。你有没有……"女孩再次打断对方的话，抢答道："有哇！互相切磋，向你学习，我早就有这个想法。"

此时，男孩总算明白过来，这女孩是无意和他发展恋爱关系，于是只好放下心思，和女孩聊起公共关系学。男孩心里有些惋惜，同时也有点儿庆幸。好在他没有将心意挑明，否则两个人难免会觉得尴尬。

　　堵住对方的嘴，让他的话说不出口，这样可以很好地避免直接拒绝所导致的尴尬状况。采取这种策略，对方不会觉得你不礼貌，因为他心中所思考的问题，已经不是你的礼貌，而是你的态度。

　　从你的行动中，他可以比较明确地了解到你不愿接受的态度。机智的人看到你这样做，会很快明白过来。对于那些不能马上明白的，你无法挑明，就可以不停地打断他的讲话。这样三五次之后，他自然就会明白。

　　由此可见，岔开话题，实际上是一种很好的拒绝方法。如果有一个香水推销员要说服你，你可以捕捉他话里的语句，然后自然而然地加入推销员的话题中："说到晚上就寝时的事情，玛丽莲·梦露是喷什么香水睡觉的？"推销员笑着说："那是香奈儿五号，这是一款非常有名的香水。"

　　接着你就开始引导式沟通，将话题从"香水"上转移开来："是的，那一定是很好的香水了。肯尼迪先生想必就是拜倒于这种香水的魅力之下吧。""啊？""你忘了？美国前总统肯尼迪和梦露不是有很深的交情吗？"这样话题一下就从"香水"转移到"肯尼迪"了，接着继续，美国前总统福特也出场了："同样是总统，肯尼迪总统喜欢芳香，福特先生则很爱干净，你认为呢？"这样，就从关于香水的话题不知不觉中转移到了对政治人物的评论上。

　　每一个话题的跳跃非常顺畅，不会给人以违和感，都是各自不同的联想，毫不突兀。当话题连续跳转两三次之后，结果会变成完全不同的话题。像这样，最初的话题和最后的话题相差越大，对方就越无法继续他的说服了。

当然，说服的一方，也不会那么容易被我们引导，他一定会像一只垂死挣扎的狐狸，不断地用"不过"或"话虽这么说"之类的语句，努力把话题拉回到原先的正题上去。这时你可以不加理会，继续你的话题，以分散对方的注意力，这样对方就要专心思考在何时把话题拉回去，而没有余力说服你了。

任何对话都受时间限制，在天马行空的话题变化中，时间很快就会耗完，那么到时候你根本就不必说一句"不"，也可达到"不"的效果，最后来一句："哎呀，时间已经到了吗？真可惜，我们下次再聊吧。"随后挥手告别。

下面是转移话题时应注意的一些问题：

第一，通过话题转移，堵住对方的嘴，一定要摸准对方的心理。对方刚开口说话，你就知道他要说什么，所谓"未闻全言而尽知其意"。当然，这要求很高，如果你无法做到这一点，就不要胡乱打断别人的话。

第二，要顺题立意。你应该将自己的目的设定为表明自己的观点，而不仅仅是拒绝。如果根本没听明白对方的话而乱下结论，就是不尊重对方的表现。所以你打断他人说话的时候，应尽可能顺着对方所说的话题展开自己的话。如果需要转换话题，应先对对方的观点予以肯定和赞同，再用"不过""但是"等转折词过渡，这样才能有效避免对方的误解和反感。

第三，要注意指辞方式。措辞是否恰当得体往往会直接影响你的说话效果。措辞得体，对方不但容易接受，而且有利于谈话继续下去；措辞不当，则很容易引起对方的反感，不利于交谈的顺利进行。因此，最好选择带有中性感情色彩的措辞，既不要对对方的谈话内容及言论发表任何评判，也不要对对方的情感做任何是与非的表达。

第四，要做到真诚和善。人与人交谈，贵在真诚和善，通过打断别人的话以达成拒绝的目的也是如此。千万不要表现得自以为是、心高气傲和哗众取宠，以免让人极度反感。

3. 用替代方案来拒绝

有时候，别人求你办事，也是做了很大的思想斗争才好不容易向你开口的，如果全都拒绝，你可能会失去许多帮助别人而获得友谊的机会。因此，面对别人的请求，不要轻易全部拒绝。

《红楼梦》中的王熙凤是个"厉害"人物，说她厉害是因为她是个精明能干、八面玲珑的人。抛开她性格毒辣的一面，在现代社会中来说，她就是一位洞悉人情世故的高手，她的许多处世方法都值得很多人研究。

有一回，刘姥姥来到大观园，由于家里揭不开锅了，便想靠着沾亲带故的关系，来借点银子度日。

王熙凤对于刘姥姥的来意其实是非常反感的，并不想借钱给她。但是她又怕失了自己大户人家的体面，怕别人说自己小气。因此，王熙凤在府上好好款待了刘姥姥，并对她说："大户人家也有大户人家的难处，现在日子比不上以前那么风光了。"言下之意是自己的日子也不好过。

但在刘姥姥一再说"瘦死的骆驼比马大"时，王熙凤还是将二十两银子拿给了她。其实，这二十两银子对她来说不过是九牛一毛。她既没有完全强硬地拒绝帮助刘姥姥，又没有让自己损失很多。后来，贾府败落，她的独女巧姐将要被卖到青楼的时候，刘姥姥散尽家财也要救巧姐。王熙凤正是用当时自己一颗蜜枣般大的善心，换来了刘姥姥对其天大的感恩。

这个故事说明了一个道理：拒绝别人，不要进行全面否决，能做到一部分就答应一部分；给别人一个"丢芝麻换西瓜"的替代方案，往往可以让对方对你非常感激，并且收获他人的友谊。

张杰在亲戚们之中是一个很会说话的人。说他会说话，是因为即使他拒绝了别人，也能落个好人缘。

有一次，他姨家的儿子结婚，亲戚朋友们都是能出钱的出钱，能出力的出力，纷纷去婚礼现场帮忙。

婚礼的前两天，他的姨夫就给他打电话说："小杰，你表弟快要结婚了，这两天家里忙得不行。婚礼当天你能回来去新娘子家接亲吧？"

张杰听后知道对方肯定不愿意听到否定的回复，但是自己出差在外，实在没办法回云。

　　于是他回答道："姨夫呀，不是我不愿意回去，实在是公司这两天要开会，我请不下来假。不过你放心，虽然我人不能回去，也一定会尽自己最大的努力为家里出一份力。你们接新娘子的娘家人肯定需要用车，我给我家里的朋友打电话，让他们给你们提供新车。"

　　他的姨夫听了张杰的回答，顿时由失望转为欣喜地说："好，好，我正愁接亲车不够呢！"

　　你看，虽然张杰拒绝了自己那位亲戚让他回来参加婚礼的邀请，但是却给出了另一种解决方案，既间接地拒绝了完全按照对方的要求做事，又没有惹怒对方。

　　毛毛跟苗苗是非常要好的大学同学，两个人毕业以后分别做了不同的工作。毛毛是一个报社的自由撰稿人，而苗苗则是一家公司的办公室文员。

　　虽然毛毛的工作时间比较自由，但那也是相对意义上的，因为交稿是有时间规定的。而苗苗就不同了，她的工作就是朝九晚五，下班后就是自己的私人时间，想怎么安排就怎么安排。

　　有一次，苗苗给毛毛打电话说让她跟自己周六一起出去逛街吃饭。原来是苗苗新交了个男朋友，想让毛毛给自己把把关，看看男孩子怎么样。

　　但是，毛毛的截稿日期就是周六，那天她必须加班加点地把文章赶出来。

　　因此，毛毛就回复苗苗："真的不好意思，周六是我最关键

147

的一天，我必须把稿子写完，不然会违约的。要不咱们周日去行不行？总之，除了这周六，在接下来的一个星期，我随时都能陪你们出去玩。"

听了毛毛的解释，苗苗虽然感觉有点儿遗憾，但是也对她表现出了极大的理解："没关系，你写文章要紧，逛街我们可以改天再约，毕竟我男朋友又不是一两天就跑啦。"说完，两个人都在电话里咯咯地笑了起来。

其实，拒绝他人，又想减少对方内心的失落感，最好的解决方式就是在拒绝的同时给出另一个替代方案。比如："我没有时间出席志愿者活动，捐助行吗？""很遗憾无法出席你的婚礼，但是我可以让我的太太过去参加。""快递公司十一假期，员工不可能都休息，但是我们可以进行调休。"等等。

当你用另一个解决方案去回应对方的要求，用一个较小的回报替代对方过高的需求时，虽然对方心里会有一些遗憾，但也会对你表现出理解、感谢之情，毕竟从这件事情也可以看出你是个愿意尽自己最大努力去帮助朋友的人。

4. 糖衣下的批评，更容易被接受

王丽丽今年刚刚毕业，在一家出版社工作，她的顶头上司谭湘云是个非常严谨的人，王丽丽的马虎性格让她非常不满意。事情是这样的，王丽丽的文采还可以，完全可以胜任现在的工作，但是她有一个大毛病——做事不细心，在撰稿的过程中总是忽视标点符号，这让谭湘云很苦恼，总想找机会批评她。几天之后，机会终于来了。王丽丽穿着一件很别致的多纽扣的套装，谭湘云对她说："丽丽啊，今天的打扮好漂亮，这件衣服很适合你，很大气也很标致。尤其是这排纽扣，点缀得恰到好处。其实啊，写文章也是如此，句句间的标点正如这扣子一般，只有你正视它，认真地对待它，你写出来的东西才会更加有条理，更为完美。"王丽丽听出了谭湘云的言外之意，从此之后，王丽丽在打字时不再马虎，非常注意标点符号。

在批评之前，给予对方亲切的言辞和称赞，对建立彼此的友好关系有很大的帮助。首先你必须让对方明白你并非恶意批评，以减少敌意。同时，通过提及对方的好，使对方明白你的批评是很客观的，从而能心甘情愿地接受意见，改进不足。

李敏是一个腼腆的女生，平时很少说话。很多老师都向李敏的新班主任韩老师反映说李敏上课时不愿意表现自己，回答问题也从不积极，韩老师决定帮助李敏改掉这个毛病。

一次语文课上，韩老师对大家说："今天，我们学习的这段文字非常优美，很适合朗读，谁愿意站起来给大家朗读呢？"很多同学都举起了手，韩老师看到李敏的眼神闪烁了一下，但很快就低下头，便对大家说："让李敏同学来为大家朗读吧！"

李敏慢慢地站起来，用很小的声音念完了这段课文。大家听后开始叽叽喳喳地议论起来，有的甚至笑了起来，李敏很是伤心。

韩老师让李敏坐下，然后对全班同学说："李敏的声音虽然有点儿小，但她的发音很标准，一个音都没有读错，大家都要向她学习啊！"李敏没想到韩老师会表扬自己，抬起头，脸红红地看着韩老师。

韩老师微笑着继续说道："相信大家从李敏'微弱'的声音里可以体会到桂林山水是多么清幽与美妙了，不过，其他的部分她要是能读得再响亮些，会让我们更能感觉到文字的优美和作者的情感。希望李敏同学以后多多练习，进一步提高自己的朗读水平！"

韩老师的这番话，既让李敏感到舒服，又让她意识到了自己的问题。以后，韩老师经常叫李敏朗读课文，她的声音越来越响亮。慢慢地，李敏也变得开朗起来，同学和老师都很喜欢她。韩老师对李敏的表扬中有期望，批评中有鼓励，让腼腆的李敏鼓起勇气，改变了自己。由此可见，巧妙的批评不但会让别人心服口服，还能帮助别人！

所以说，在批评他人时，采用先表扬后批评的方法更为有效。因为这样可以使对方产生改正错误的信心，有助于对方树立全新的自我形象。因为对方从你那里得到的信息是，自己虽然有缺点，但不是一无是处，这样即使有错误也能较为容易地接受并很快地改正。

励人之道，一张一弛。该褒则褒，该贬则贬；褒贬结合，其效无穷。一句真诚的赞美，会使部下如沐春风，精神振奋；一语婉转的批评，可使下属迷途知返，干劲倍增。赞美与批评并用时，需讲究次序，先批评后表扬，事倍功半，费力不讨好；先表扬后批评，事半功倍，四两拨千斤。

第一，表扬要真心实意。

欣赏对方，发现他们无可取代的优点。认同他们，赞美他们，不是恭维他们，是发自内心地肯定他们，只有这样才能使他们获得巨大的动力，在接下来的学习、工作、生活中有更出色的发挥。不要让对方觉得"我已经很努力了，但是还是得不到父母、领导、老师的赞赏"。

第二，批评要有理有据。

你在批评对方的时候，要先想一下事情的真实性，批评的本身就是为了使对方改正错误。教育人、引导人的前提必须是对方犯错误的事实的确存在。如果没有错误，硬是去批评人，就会让对方觉得你这个人是无理取闹，是在故意刁难。

第三，提出指导性建议。

在批评别人时，告诉他正确的方法，在你告诉他做错了的同时，应告诉他怎样做才是正确的，这样会使批评产生积极的结果。重点不应该放在批评别人的错误上，而应该放在改正错误的手段和方法上，以避免以后再犯。

5. 拿自己开刀，然后批评别人

批人先批己，这是很多人非常喜欢的一种批评技巧，为何如此好用呢？其实是因为在批评对方之前，你已经先将自己置于一个很低的位置，拿自己开刀，所以此时再批评别人，别人也比较好下台，就不会那么生气，就算他想出言"报复打击"，也没有关系，反正你已经先自我批评了。所以，如果真的想恰当地批评他人又不让对方生气的话，不妨试试这个方法。

艾拉是克莉丝太太的远房亲戚。上完大学之后，艾拉离开家乡，到克莉丝太太的公司做助理工作，那时她刚刚二十出头，对于商场上的事情一窍不通，所以在工作中经常会出现一些失误。

有一次，克莉丝实在忍不住了，她真的感到很生气、无奈、失望，真的很想给艾拉一顿恶狠狠的批评。可是克莉丝仔细想了一下，好像不应该这么做，艾拉毕竟刚离开学校，年纪这么小，也没有什么工作经验，如果按照老员工的要求对待她，的确有点儿过于苛刻。于是克莉丝和颜悦色地对艾拉说："其实，你现在还小，刚接触这行肯定不能尽早顺手，出现一些错误也是情有可原的。我跟你一般大的时候，我也是经常犯错，比你犯的错严重好多呢，但是我相信，随着年龄的增长和阅历的增加，你的能力一定会有很大提高的。"通过这一次委婉的批评，在以后的工作中艾拉越来越努力、认真，犯的错越来越少，对克莉丝的帮助也越来越大。

即使对方还没改正他的错误，但只要在谈话开始时你就先承认自己犯过错误，这将有助于对方改变其行为。这时候的批评是隐形的，我们的话语里更多的应该是真诚、友善和谦逊，以感召他人。如果运用得当，相信这一说话技巧必然有助于我们在人际关系上创造奇迹。

在批评人时，要达到既能使被批评者认识到缺点和不足，又不伤其自尊心，不至于下不来台的目的，最好的办法是在批评中加入自责的成分，使人在感情共鸣中接受批评，这样的效果会更好。

俗话说"责人先责己"，在开口批评别人之前，先承认自己也有错误，然后再指出别人的错误，这样有利于营造一种民主的沟通氛围，在这种氛围中，对方往往能更愉悦地接受我们的批评。

一个懂得自我批评的人需要谨记以下几点：

第一，先做到自我检讨。

事实上，当我们批评他人时，最先应该考虑的就是从自身找原因，先想想自己做得怎么样、自己是否有责任、自己是否应该完全怪罪他人。这样我们也许会改变自己的想法和行为，并与他人保持一种良好的人际关系。

第二，站在他人角度看问题。

　　大家应多站在别人的立场上，设身处地地替别人着想。在批评别人时，要考虑对方的实际情况，如能力、环境等对他的影响，以及自己在相同条件下可能达到的水平。首先应该承认自己的不足，以己之短，比彼之长，再去批评，对方就会欣然接受。

　　第三，做一个内心宽容的人。

　　学会宽容、包容与自己想法不同的人和事，是为人处世的需要。世界上没有绝对的好与坏，善与恶常常交织在一起。因此，有时我们需要平和和宽容。得理不饶人和锱铢必较不仅会招致他人不满，还会给生活带来不少尴尬，实在是不值得的事。

第五章
灵活地救场，打破僵局

1. 没话找话，让冷场"热起来"

会说话，懂说话，不做"冷场王"，不是要你圆滑世故、见风使舵，而是让你以一种诚恳、设身处地、换位思考的方式待人。会说话是一种能力，而且是一种重要的能力。然而，很多人有可能永远也无法变得能言善辩，反而是一出场便自带"冰冻"装置，与人交谈不到三秒便"冷"到不可收拾。

很多人都不知道跟人交谈时该如何开口，尤其是当谈话的对象是陌生人，或是不怎么熟悉的人，或是沉默寡言的人时，谈话就很容易陷入冷场，气氛也可能变僵。

例如，当你想去要求某人办事时，如果一下子就单刀直入地说："请问××在吗？我要他帮我去做件事。"这样不但会显得硬邦邦，而且可能会使对方产生心理上的距离，对方就不一定会如你所愿，帮你办事。

最好的方法是在聊聊天气、当天的新闻、个人兴趣爱好之类的话题之后再切入主题。这一点可以向一些主持人学习，他们在任何场合都能想办法使气氛活跃起来。

例如，在参加宴会时，几个不认识的人坐在一起，气氛难免会有点尴尬，如果有人能主动打开话匣子，不仅能让气氛活跃，还能让宴会有趣许多，而且能拉近彼此之间的距离，说不定还能谈成一笔生意。有很多推销员就是利用这种宴会结交朋友和促成交易的。

用来打开交谈之门的话题可以说是数不胜数。天气永远是打开交谈之门不可或缺和绝对安全的话题，尤其是在你对交谈对象毫不了解的情况下，如"这段时间为什么老是下雨""天气总这样热，真让人受不了"等。

小孩和动物也是很好的素材，因为绝大多数人都是喜欢小孩和动物的。一旦你得知你面前的这个人有小孩或者养了宠物，你便可以用小孩或宠物的话题跟他极为轻松愉快地交谈起来。此外，中国人的"传统话题"也可以派上用场，比如"您的老家在哪里""您贵姓"这类问话基本上不会让人觉得失礼。

当然，最好的打开话题的方法还是谈论对方熟悉的东西，因此需要事先了解对方的职业、地位、人品，并在某种程度上做一下调查，如此，即使是初次见面，也能够配合对方的话题发挥。

如果你有机会到某人的家中或办公室，室内的一些陈设可能会使主人津津乐道。很多人会在桌子上摆放照片，照片上显示的背景便为我们提供了打开话匣子的素材，我们可以询问主人外出旅行的经历。对于墙上的挂画，我们可以向主人表示对这些画的兴趣。

和对方聊一些私事，是和陌生人拉近距离的一个很好的方法。因为每个人在告诉别人关于自己的事时，就等于在向对方敞开心扉，例如："我喜欢去钓鱼，您有什么爱好呢？"

像这样率先向对方"表白"自己的情况，对方也会乐于谈谈自己的情况。如果对自己的事一概不谈，只一味地刺探对方，"你家住哪里？""假日都做些什么？""有几个小孩？"这会让人感觉像在被警察审讯一样，进而对你产生排斥心理，自然懒得和你说话，当然也就无法继续谈话了。

如果谈话双方拥有共同的兴趣，话题就可以在这种兴趣上展开。例如，如果知道对方对钓鱼也有兴趣，则不妨向对方请教："你经常去哪里钓鱼？""哪种鱼饵是最有效的？"

人们在谈到自己的经验时，一定会满面春风。因此，对于这类问题，对方一般会很乐意告诉你，你也可以趁机与对方"套近乎"，拉近彼此之间的距离，为接下来的说服工作做铺垫。

不可否认，在生活和工作中，我们都喜欢那种能在任何场合谈笑风生、不冷场的人，这并不是歧视不懂说话之道的人，而是一种极为正常的现象。要想不变成一个不受人欢迎的"冷场王"，那就要记住：多增加知识，多去理解别人，多丰盈自己的内心，如果真的感觉自己在表达上有不足之处，那就多微笑，少说话，这也是一种有修养的表现。

另外，在选择话题时还要注意以下两点：

第一，话题内容要有可信度。如果将电视、报纸上的情报"挪为私用"，应该正确地记住日期、场所、名称、数量、前后关系等要素，以便增加内容的可靠性。如果是道听途说的内容，一定要亲自翻阅当时的报纸来验证，绝对不可口说无凭。

第二，话题内容要有益。听众最有兴趣的就是"对自己有用的情报"。凡是有关新技术、新技法、新产品的说明，与赚钱有关的内容，特别的经验、技术指导、人生警示之类的话题都属于这类"有益的情报"。

在谈话过程中，遇到冷场的情况，若不能主动寻找话题，则很容易造成尴尬的场面。特别是不太熟悉的男女待在一起时，若没有人主动攀谈，寻找话题，冷场的概率会非常大。聪明的谈话者，会率先抛出话题，打破僵局，化解尴尬。事实上，主动地没话找话说，会使人感受到你的热情。而且，在某种程度上，没话找话说更是一种有礼貌的表现。毕竟，冷落他人是很失礼的行为。

2. 巧妙转移视线的"流星战术"

现场的气氛变得紧张，容易导致争执和僵局的出现，这不利于交流。当你发现气氛趋于紧张的时候，就要注意了。若能采取一些恰当的手段，便能够缓和气氛，打破僵局，推动交谈继续进行下去。

有一种"流星战术"，自古以来一直为人们所运用，可以达到缓和气氛、打破僵局的目的。何谓"流星战术"？其实就是转换话题、转移视线，以缓和气氛、化解尴尬。为什么叫做"流星战术"呢？这是因为人们在转移别人的注意力时，经常会突然手指天空，高声大叫："啊！你看，那是流星呀！"事实上，你也许会经常使用这一招，尤其是在遇到不太妙的状况时，通过话题的转换，引导他人转移视线，从而化解尴尬。

有位母亲带着三岁的孩子去逛百货商场，忽然，孩子叫嚷了起来。原来孩子看中了一辆玩具车，非要母亲买下来不可。母亲正被纠缠得无可奈何，忽然灵机一动，说道："嘿！你看那是什么东西，是不是大力士呀？"孩子立刻停止哭闹，朝着母亲所指的方向看去，然后就让母亲乖乖地抱走了。

如果你的孩子哭得无法遏制，你又怕哭声干扰别人，就可以适当运用这种战术，很快就可以将孩子的哭声止住。

当然，这种"流星战术"的对象并不仅仅限于小孩，在一些紧要关头采取这种做法往往也会奏效。

比如，某公司的经理在解决劳资纠纷时，对方来势汹汹要经理当场拍板，经理却不做正面回答，反而从容镇定地说："嘿，你的声音不错嘛！很适合当歌星。"这样一来，紧张的气氛一扫而光，同时也削弱了发言者的气焰，这就是"流星战术"的效果。

前段时间，张老师所在学校的教导主任退休了。张老师是最有希望接任教导主任这一职务的，要知道，张老师已经连续五年当选为校级模范教师。

可是，一个多月过去了，没有任何任命迹象。张老师找到校长，暗示了几回，校长仍然没有任何表示。张老师和妻子决定请校长吃饭，顺便探听虚实。

席间，校长顾左右而言他，就是不提选拔教导主任的事情。张老师有些急了，对校长说："校长，李主任退休那么久了，教导处那边总该有个人担着，校长您一人担两职，实在辛苦，这不是长久之计啊！"

校长笑了一笑，说："这个事情啊，校领导一直在开会讨论，可咱们学校实在是人才济济，还得从长计议啊！"

"可是，按照资格来说……再说，这选谁还不是校长您说了算嘛！"张老师有些不满校长的话，直接用话挤兑校长。

结果校长一听这话，立马变了脸色，正要开口斥责张老师。这个时候，张老师的妻子看出气氛不对，当即说道："哎哟，真是的，你们男人怎么吃饭也离不开公事啊！今天咱们就是吃饭，不谈公事啊！赶紧吃菜，老张，快给校长满上。"

张老师明白妻子的暗示，立刻给校长斟酒。接下来，张老师和校长谈论了学校里的一些事情，中间不免有气氛紧张的时候，好在张老师的妻子每次都能在关键时刻以敬酒为名，避免俩人起争执。

最后，校长表示这顿饭吃得很愉快，并感谢张老师夫妇的款待。

张老师的妻子无疑是一个有智慧的人，她能够敏锐地察觉现场气氛的变化，同时能够适时地采取"流星战术"转换话题，缓和紧张气氛，为双方的沟通创造更加良好的氛围。

在交际场合中，如果某个较为严肃、敏感的问题弄得交谈双方剑拔弩张，甚至阻碍交谈顺利进行，我们也可以使用"流星战术"，暂时回避一下，以达到避开尴尬的目的。

一天，小金正在伏案写报告，同事"洪大炮"却在对面唾沫横飞地说长道短："哎，我说小金啊，你知道吗？咱们部门那个新主任的人选已经定了，就是刚来的那个 MBA。嘿，你说说，他凭什么呀？小金，你一个本科生加上四年的工作经验还不敌他一个刚毕业的 MBA？这都是什么世道啊？我都替你不值啊！"

然而小金没有表现出丝毫惊讶或激动，连头也没有抬一下，只是漫不经心地说道："是吗？那我得先谢谢你了，给我提了个醒，老洪，你是一个仗义的人。哎，看来我还得继续努力工作呀，让人家后来居上，我的老脸往哪儿搁呀？你说是不是？"

说到这里，小金突然问："啊，对了，老洪，昨天我要的那份资料你弄得怎么样了？"

"洪大炮"明显愣了愣，然后才说道："哦，你等一下，我马上给你找去。"说着，转身出门去了。

在上面这个例子中，小金通过转移话题的方式，轻易便避过了敏感问题的讨论。在现实生活中，我们难免会遇到像"洪大炮"这样的人，他们专门以传播小道消息来拉拢人。和这种人打交道，若你直接堵对方的嘴，对方可能会觉得不高兴，甚至会觉得你瞧不起他。得罪了这样的人，难免就会遇到一些麻烦。

这样的人要是抓到你的小辫子，制造一点不利于你的流言，即便没有大碍，也难免会影响心情。怎么办呢？你可以对他所说的内容假装糊涂，充耳不闻，但表面上做出对他个人很买账的姿态，哄他开心，再把话题岔开就可以了。

我们与人交谈，不慎说到尴尬话题，也会经常使用换话题这一招，比如，"哦，今天我们不谈公事。""不说这个了。"这种岔开话题的方式其实不太好，因为不够自然，是一种生硬的拒绝方式。尝试使用"流星战术"，可以很好地回避尴尬问题。

3. 涉及隐私的问题巧妙回避

生活中总有一些人特别喜欢打探别人的隐私，打听别人的家底。想必很多人都被别人打探过隐私，例如："你一个月赚多少钱？""你还是单身吗？""你为什么离婚？""你买保险了吗？""你的父母是做什么的？""你这个伤疤是怎么来的？""好久都没看见你的太太了，你们俩发生什么事了吗？"

每个人都有隐私，没有人愿意将自己的隐私在众人面前曝光。所以，对于那些喜欢打探别人隐私的人，你大可这样回答："对不起，无可奉告。"对于那些主动暴露自己隐私的人，你若不喜欢的话，也可以回答一句："我并不感兴趣。"

热衷于打探他人隐私的人总是令人讨厌的。这种随意探问他人隐私的人不仅会因为他的浅薄俗气、缺乏涵养而不受欢迎，还极有可能因此惹祸上身。但是，在特殊情况下，如果迫于形势，不得不提及自己的隐私，但是又想回避这个问题，你不妨按照以下的方法做。

第一，直接把话题还给对方。

当别人有意要探问你的隐私时，你可以反问对方：

"你问这个做什么？"

"你为什么这么问？"

"你为什么想知道？"

"你需要知道这个吗？"

如果对方说："没什么，只是因为好奇。"你可以这样回答："真的？"然后就直接换个话题。很多时候，礼貌是知道何时该假装什么事情都没有发生过。

第二，面对对方的追问，直接转移话题。

当对方问到你一个月赚多少钱时，你可以说："既然你提到薪水了，我也很想知道，你说我们的个人所得税是不是又调整了呀？"

当对方对你"消失"了很久的太太很感兴趣时，你不妨直接说点别的："我太太？这倒让我想起来，我终于见到我们 CEO 的太太了。"

第三，直接正面拒绝回答。

比如，你可以这样回答：

"你怎么会问我这个？"

"你问的这个问题真的很难回答。"

"噢，很抱歉，我人不谈这个。"

"现在我不太想聊这个话题。"

163

"我答应别人绝不说出来。"

"这个问题我也不清楚。"

第四，假装没听到，然后敷衍过去。

你可以随便说点别的什么事，或者讲些空洞的话，把对方的追问敷衍过去。例如：

"我觉得你不知道如何把马铃薯里的虫子挑出来。"

"嘿！我中了十元足球彩票。"

"你知道那部电影已经上映了吗？"

"明天 × × 广场有消夏活动，听说有很多演艺界人士前来助阵呢。"

既然大家都不喜欢别人探寻自己的隐私，那么，我们在与别人交谈时，也应避免探问对方的隐私，这本身就是人际交往成功的第一步。因此，在你打算向对方提出某个问题的时候，最好想清楚这个问题是否会涉及对方的个人隐私。如果涉及，就要尽可能地回避，这样对方不仅会乐于接受你，还会因为与你轻松地交谈而对你产生好印象。

4. 忘记对方名字，也能巧解尴尬

记住别人的名字很重要。记住对方的名字，并把它叫出来，等于给对方一个很巧妙的赞美。一个最单纯、最明显、最重要的得到别人好感的方法，就是记住别人的姓名，使别人觉得受到尊重。人最重视，最爱听，同时也是最希望他人尊重的就是自己的姓名。若是把他的名字忘了或写错了，在交往中会对你非常不利。

很多人都有过这种体验：面对一个不是特别熟的人，能认出对方的脸，想起对方的职业，但就是想不起对方的名字。那个时候大脑就像是被清空了一样。有时候，即便是面对曾经一起交谈了很久的人，也会记不起他的名字。

多数人记不住他人的全名，理由不外乎是工作太忙、无暇记这些琐事。我们被介绍与其他人相识时，往往随口寒暄几句，而事实上可能连再见都还没说，我们就已忘了对方姓什么叫什么。所以有时候要记住一个人的全名很难，尤其当它不太好念时，一般人都不愿意去记它，心想：算了，也不一定还能见面。

忘记别人的名字或许是很多人常常遇到的尴尬，你很可能刚刚问过别人的名字，但转眼就忘记了。虽然大多数人都会原谅你，不过，你可能还是会觉得面子上挂不住，常常觉得不好意思，生怕对方以为自己看不起人。为此，想要说点什么来补救。

不要怕，有时，你可以不用直接说出对方的名字，巧妙地避免丢脸，比如说："噢，是你啊！""真巧，我们又见面啦！""嗨，你看起来不错哦！""我们都多久没有见面了，你还好吗？"

不过，如果你要想参与很多社交活动或是会议，还是应该记住对方的名字。首先，当我们听到一个名字的时候，一定要多重复几遍，重复得越多，印象也就越深刻。与此同时，务必要专注地看着对方的脸，强化记忆。很多时候，我们忘记对方的名字，往往是因为我们的注意力不够集中，或是当我们第一次听到这个名字时走神了。

接下来，试图把你听到的名字和原有记忆中的一些东西联系起来吧。比如，眼前这位新认识的朋友看起来有点像著名的电视节目主持人××。为了避免遗忘，最好尽快将对方的名字和一些与他们有关的关键词写在记事本里。

最后，向对方索要名片，回家之后，尽快在名片上写下贴切形容这个人的话。你的表述可能有些诡异，不用介意，因为这只有你一个人知道。

当然，最尴尬的状况莫过于那些你真正应当记住的名字却被你忘记了。你认识对方可能已经很久，而且对他们的名字就像对自己的名字一样熟悉，但是在见到那个人的时候你却怎么也想不起来。

这种情况下，如果实在是没办法掩饰你的健忘，你可以这么说：

"你有没有遇到过脑袋里突然一片空白的情况？"

"你知道，我对你的名字就像对自己的名字一样熟！不知道是不是我太紧张了？"

"真是不可思议！我脑子一下子卡壳了。"

"我今天一直都迷迷糊糊的。"

"今天这种状况你一定也发生过吧。"

"我知道你的名字，但是话到嘴边就是讲不出来。"

"我当然知道你是谁，但你要提醒我一下，你姓什么？"

与此同时，你要想到别人也可能忘记了你的名字，这时可不要恼火。当你跟某人打招呼的时候，不妨重新介绍一下自己。说自己名字的时候，也要说得慢一点、清晰一点。

5. 任务失败时的说话技巧

有时候你会发现这样一个现象：有些人能力很强，但只是因为在偶尔一两次没有完成上司交代的任务时变得不会说话，或者只会说让人别扭的话，结果总是让自己难以游刃有余地对待工作；相反，有些人能力一般，就是会说话，结果工作顺顺利利，甚至得到上司的重用。这种强烈的对比，在日常的交际中有着无数的事实可以证明。

小董和小马在同一个公司上班，有一次，老板让他们两个去做一个龙虎销售 PK 的宣传写真 KT 板来迎接经销商的到来，目的就是要让经销商看看公司近几年蒸蒸日上的气势。

结果，广告公司把做好的样品拿过来确认的时候，老板看后非常生气。首先是标题不够有特色，再一个就是业务员的名字制作得太小，销售业绩也不够突出。最重要的一点是，可能广告公司图省事，没有将小董发给他们的人员照片调颜色。结果上榜的照片都比较黑，照片的背景色也不统一，有一部分放上去的照片甚至还有些变形。

167

"你俩就打算让我们的业务员以这样的面貌去见全国的经销商吗？你看看这照片，一个个弄得跟鬼一样！"老板厉声地指责他们俩。

面对老板的指责，小董心直口快地说："这件事情不能怨我，本来照片跟内容就是小马联系销售人员收集的。我只负责联系广告公司，出了错也是怨小马！"

听了小董的话，小马先是一惊，而后徐徐回应道："照片是我提供的不错，但是广告公司让你定稿的时候你为什么没有将文件传送给我看一下？那时候如果修改的话，就不会出现现在这种情况了。现在关键的问题不是追究谁对谁错，而是接下来该如何解决这个问题，毕竟订货会马上就要开了。我建议让所有的业务员去照相馆里重新拍一些高像素的照片，然后联系广告公司以最快的速度重新制作一个出来，哪怕是加钱也无所谓！"

听了小马的话，老板拍拍他的肩膀欣慰地说道："如果公司里所有的人都能像你一样不为自己的错误找借口，推脱责任，处处为公司着想的话，我会轻松很多！这样，就按你说的去做，由你全权负责这件事情，有什么困难直接给我打电话！"

小董听了老板的话，为刚才自己说出的推卸责任的话羞愧得无地自容。

你看，同样是在没有办好老板交代的事情的情况下，正是由于两个人说话的方式不同，才会产生天差地别的结果。小董不先为自己的过失积极寻找解决办法，反而在那儿推卸责任，巧言辩解，才会引起老板的不快；而小马懂得审时度势，既主动承担了属于自己的责任，又为老板解决了问题，所以才能受到老板的看重。

小李工作踏实、肯干，跟他的上司习经理的关系处得也不错。有一次，习经理做了一个方案，结果致使原来只需两个人就能完成的工作，最后靠五个人来做，严重影响了事情进展的速度。大老板来视察的时候，对这样的效果非常不满意，并严厉地批评了他们团队的工作效率低。面对这样一个难堪的场面，小李没有跟任何人打招呼，就直接冲到大老板面前去承认了他们团队工作上的失误，并且提出了一个更好的解决方案，获得了大老板的赞赏。

本来他还以为能受到自己上司习经理的夸奖，没想到习经理只是淡淡地说了一句："你很聪明！"经过此事后，经理对他冷漠了许多。过了一段时间，他终于按捺不住，敲开了习经理办公室的门，问道："习经理，是不是我上次做得不好，惹您生气了，所以您才对我冷漠的？"

习经理看着小李回答道："事情没有对与错，只是考虑问题的立场不同罢了。在解决问题方面我有我的想法，你也有你考虑的利益。我与你考虑的方法不同，只能说道不同不相为谋。"

听了习经理的话，小李非常懊恼，知道自己不该越级提出有分歧的解决方案，引起别人的误解，损害了彼此建立起来的融洽关系。

其实，当你在没有完成上司交代的任务时，有一些说话上的原则需要注意：

首先，敢于承担自己的错误带来的后果，绝对不能推卸责任。

无论是在生活中还是在工作中，都要真诚、正直。真诚、坦诚地承认自己的错误，请上司批评指正，帮助自己提高，让上司看到一个知错就改、积极努力的你。

其次，提前分析自己出错的原因，找出解决的方案。上司在批评你的时候其实最想听到的话是导致失败的详细原因，并且能找出其他的解决方案。因此，你最好在上司找你谈话之前就提前做好充足的准备。

最后，看看上司想如何解决，如果不违背原则，就迎合他。千万不要急于表现自己，越级提出自己的解决方法，得罪自己的直接上司。

第六章
适度原则，掌握分寸沟通才融洽

1. 把握分寸，实话也要巧说

我们提倡说实话，但是并不提倡什么实话都往外说。有些实话是不能说的，说了就会得罪别人，因为并不是所有人都喜欢听实话，也并不是所有实话都能讨人欢心。

越是关系好的人，越容易忽略沟通方式的重要性，他们往往讲话很直接，有时甚至讲话非常难听。比如，有些人问候熟人时，经常说："哟！这么长时间没见，还活着呢？"其实，这样说话很容易导致两个人之间的关系出现裂痕。要知道，即便是关系亲密的人，也应该呵护他人的颜面，而不能如此没有礼貌。

和朋友沟通时也应注意说话方式，而不是随心所欲，想到哪儿说到哪儿。千万要记住，朋友也有情绪，也有好恶，也要面子，所以朋友之间也应该适度客气。

郭女士、何女士和孟女士是关系非常要好的姐妹，平时经常带着自己家的孩子互相串门。

一天，郭女士的孩子得了传染病，何女士担心传染给自己的孩子，于是打电话对郭女士说："听说你家孩子得了传染病？这几天就别让他到我们家来了，我担心传染给我的孩子。等他病好了，再来我家玩吧！"

实际上，郭女士是一个很自觉的人，不用别人提醒也知道不能带着孩子到处串门。虽然她原本就没打算带着孩子去串门，可是听了何女士的话后，她很生气，直接就把电话给挂了。她向自己的老公抱怨说："真是知人知面不知心哪，交往这么多年了，第一次知道她竟然是这样的人，以后我再也没有这个朋友了。"

老公安慰她说："她的话倒是实话，的确不能带着孩子去串门，不然会传染给别人。"

郭女士说："我又何尝不知道，但是作为好朋友，她说的那叫什么话呀！咱孩子身体不舒服，她就那样说，阻止我们去她家，这不是歧视咱孩子吗？"

孟女士也打电话给郭女士，对她说："听说咱们的宝贝儿子病了？现在怎么样了？好些了吗？"

郭女士回答说："没事，已经好多了。"

孟女士说："那就好，不过这次小宝贝可要遭罪了，又要打针又要吃药的。你别太着急呀，有什么事就告诉我，我随时听候差遣。"

听到这些话，郭女士心情好多了，对孟女士说："多谢你，没什么大不了的，就是不能出门，医生说要隔离治疗，否则容易传染给别人。"

孟女士说："唉，这下我家的小宝贝该难受了，没人陪她玩了，今天还嚷嚷着要去你们家呢！不过也没事，等他病好了，咱们一起去游乐场痛痛快快地玩一天，好好去去晦气！"

许多人都觉得只需要对陌生人、客人说话客套一些就行了，对那些关系亲密的人不用太客气。但事实并不是我们想象的那样，不管什么关系，要想维持下去，都要以尊重为基础。

俗话说："人活一张脸，树活一张皮。"其实，好面子是一种非常正常的现象。每个人都好面子，都希望他人尊重自己，因此，不管在什么时候，也不管是什么关系，在向他人提建议时，要呵护他人的颜面，因为那是维护友好关系的润滑剂。

比如，当别人问你"有什么指教"时，最好不要直接发表自己的观点，而是要客气一下，对他说："指教不敢当，就是一个小小的建议，可能说得不对，希望你不要介意。"如此一来，你的表达就会变得柔和、委婉。总之，与人沟通时，一定要注意呵护他人的颜面，把握好说话的分寸，这样效果才会更好。

2. 一味道歉，只会让歉意变得廉价

生活中，每个人都会犯错误，因为人不是神，不可能真正做到面面俱到、十全十美。我们的习惯是，在做错事情的时候就道歉，有的时候哪怕不是我们错了，但是为了获得暂时的安宁，我们也会道歉。例如在与女朋友相处的过程中，很多男孩不管是否真的

是自己的错，一旦看到女朋友生气或者耍小性子，马上就会表达歉意。日久天长，就会把女朋友惯得越来越骄纵，不管遇到什么事情，都随意任性，逼着你道歉。如此一来，势必影响彼此间的感情。还有些人在职场上充当老好人，不管工作的责任是否在自己，一遇到上司追责就会一味承担责任，表示歉意。如此一来，上司最终必然觉得他的道歉一文不值，没有任何含金量，甚至对他的工作能力产生怀疑。正确的做法是，在需要承担责任的时候，如果是原则性问题，你一定要分清责任，在确定确实是自己的责任时，才可以道歉和承担责任；否则不由分说地就道歉，只会让人觉得你真的有问题。

在西方国家，尽管很多男士都是绅士，却很少轻易道歉。因为每个人都有承担责任的强烈意识，所以知道"对不起"并非随便可以说的。当你说了"对不起"，就意味着你已经承认自己是有责任的一方。因而，在不能确定自己有责任时，最先忙着做的不应该是说"对不起"，而是要界定责任。尤其是很多涉及经济赔偿的事情，一句"对不起"也许就会成为呈堂证供，因此千万不要出于礼貌而随口说出"对不起"。在法治社会，"对不起"的分量是非常重的。尽管日常生活中的诸多小事并不需要我们对质于法庭，但是我们依然要学会控制自己脱口而出的冲动，不要随便说"对不起"。即便是与最亲密的人之间，我们也不能毫无原则地道歉，否则日久天长，我们的歉意就会变得轻飘飘的，没有任何分量。

在费尽千辛万苦追到现任女友默默之后，原本骄傲的那威就像是变了一个人。现在的他，一改往日高傲的形象，总是像一只温驯的小绵羊一样对待女朋友。他不仅对女朋友千依百顺，而且每当女朋友撅起小嘴生气时，他都忙着道歉，根本不去深究女朋友生气的原因是什么。在爱情之中，那威迷失了自己。有一次，女朋友因为在地铁上与他人争抢座位而争吵，那威居然也帮着女朋友和他人一起吵架。不得不说，那威是完全失去了原则。

随着那威道歉的次数越来越多，女朋友也越发的刁蛮任性。她对待那威就像是对自己的一只宠物，根本不尊重那威，更别说为了那威做爱的付出啦。

终于有一天，那威与女朋友之间爆发了超级大战。事情的起因很简单，那威带着女朋友回家吃饭，妈妈精心准备了糖醋排骨，但是女朋友对着香甜的饭菜却大发雷霆，当着妈妈的面就使性子："那威，我要吃红烧排骨，我不要吃糖醋排骨。"

那威好言好语地哄她开心："乖啊，吃饭，就吃糖醋排骨。对不起，都怪我没有提前告诉妈妈你喜欢吃红烧排骨。等到下个周末咱们回家时，我让妈妈做红烧排骨，你还想吃什么，我都让妈妈做。"

不承想，女朋友却继续不依不饶地说："我不，我偏不！"

这时，妈妈正色说道："又不是小孩子，挑食偏食。糖醋排骨吃着不也很好嘛，那威就爱吃糖醋排骨！"

女朋友突然生气地说："我不吃了。"说完，她就拿起小包摔门而出。

那威觉得当着妈妈的面很难堪，因而也跟出去追女朋友喊她回来吃饭，女朋友却毫不留情地说："你除了会道歉还会干什么？你妈欺负我的时候你干吗去了？"

那威赔着笑说："我妈那不也是心疼我嘛！你就委屈一下吧！"

女朋友却说："那你就回你妈面前当孝顺儿子吧，反正我也早就厌恶了你这个只会说对不起的窝囊废。"

女朋友的这句话，让那威简直如同五雷轰顶，他呆呆地站在原地很久，女朋友早就跑得不见踪影了。直到此刻，那威才意识到自己在爱情里卑微到尘土里，却换不来真心诚意的爱情。从此以后，他再也不会轻易道歉了，即使女朋友回头请求他的原谅，他也像个爷们儿似的昂首挺胸，不为所动。他暗暗下决心：我要重新开始一段爱情，找回最真实的自己。

因为对千辛万苦才追到的女朋友的喜爱，原本个性极强的那威一改往日的高傲模样，放低姿态，处处都以女朋友的需求和喜好为主，而且每当女朋友生气或者耍小性子时，他都无理由地道歉。原本，他以为这样就能得到女朋友的真爱，却不承想被女朋友称作"只会说对不起的窝囊废"。至此，那威才意识到泛滥的东西总是不被珍惜，"对不起"也是如此。因此，痛定思痛的他决定改变自己，重新找回自己，再次开始新的爱情。

任何时候，对任何人，我们都不能轻易地说"对不起"，虽然讲礼貌、宽容都是绅士的表现，但是在需要的情况下我们必须明确界定责任，才能勇敢地承担责任；而且，即便是对亲密的人，我们也不能一味退让，否则道歉就会变成毫无意义的付出，甚至招人反感与厌烦。

3. 他人的隐私碰不得

人与人交往，一定要以彼此尊重为基础，唯有如此，才能建立更加和谐、平等的关系。当然，人际交往也是有禁区的，即别人的隐私碰不得。偏偏生活中，有很多人总爱拿他人的隐私开玩笑，最终伤害他人的自尊，友谊也随之付诸东流。结交一个朋友，努力经营友谊，需要漫长的过程，需要真心付出和努力，因而在拿他人隐私开玩笑之前，我们必须衡量好一时的口舌之快和深情厚谊之间的关系。

所谓隐私，就是他人独自保守的不想为他人所知道的秘密，这个秘密一旦公开，就会给他人带来极大的困扰，让他人颜面尽失。因而，如果你拿着他人的隐私开玩笑，则你们的情谊也会受到伤害。原本，与他人聊天，开个玩笑让大家娱乐是无可厚非的，但如果把每个人的快乐都建立在他人的隐私之上，由此让他人难堪和痛苦，就得不偿失了。这样的玩笑，开得没有任何意义，反而导致现场的气氛变得尴尬，最终事与愿违。

任何时候，开玩笑都是有原则的。其中，最首要的原则就是不能触碰他人的隐私，更不能触碰他人的软肋。不管是对朋友、亲人，还是对同学、同事，要想关系更加亲密无间，就必须遵守原则，避免触碰底线。常言道，良言一句三冬暖，恶语伤人六月寒。即使你在拿他人的隐私开玩笑时并非出于恶意，但是切实地给他人的心灵带来了伤害，而且言语的伤害并非那么容易消除。

张伦平日里最喜欢开玩笑，虽然没有恶意，却因为管不住自己的嘴巴，导致玩笑伤人，因而得罪了很多朋友。

有一次，张伦的好朋友马玉喜得贵子，因而张伦带着精心准备的礼物前去喝满月酒。看到张伦来了，马玉高兴地迎上前去。张伦拿出礼物，居然是一支包装精美的钢笔和一本珍藏版的《新华大字典》。马玉的老婆看到礼物，笑着说："张伦，就数你的礼物最特别。孩子还这么小，你居然给他送字典和钢笔。"

这时，张伦当着所有人的面满脸坏笑地说："因为你家的公子与众不同啊。你想啊，别人家的孩子都要结婚之后一年才能出生，你家的呢，我们这才喝完喜酒三个月吧，公子就猴急猴急地出来见世面了！"

听了张伦的话，在场的亲朋好友全都哈哈大笑，但是马玉夫妇却满脸羞愧。原本，他们奉子成婚就有些尴尬，如今却又被张伦拿出来公然开玩笑，不禁更让他们觉得无地自容。从此以后，马玉夫妇就有意地疏远了张伦，即使在张伦结婚的喜宴上，他们也只是让人带去礼金，而没有亲自出席。

张伦的玩笑话，虽然给大多数人带来了欢乐，但却无形中伤害了马玉夫妇的自尊。俗话说："人活一张脸，树活一张皮。"对于他人的隐私，只要心知肚明就好，实在没有必要当着无数人的面揭开。正因如此，张伦失去了多年的好朋友。这个玩笑的代价，未免有些太大。作为生活的调剂，我们实在没有必要为了可有可无的玩笑话，得罪辛苦经营、用心维护的好朋友哇！

　　无论是出于好心还是恶意，我们都不能给他人的心灵带来伤害，尤其不能以他人的隐私开玩笑。当你不尊重他人时，他人也一定对你缺乏应有的尊重，日久天长，你必然会与朋友渐行渐远。社交场合的交谈，应该以愉快为主。很多话，我们都必须管好嘴巴，根据时间、情景和所面对的人决定是否说出来。古人云，祸从口出，是有一定道理的。我们只有谨言慎行，保护好他人的隐私，才能与他人更好地交往。

4. 打人不打脸，说话不揭短

　　每个人的心里，都有一个疼痛的点。这个点，是自己独有的，我们常常在寂寞的时候独自疗伤。面对他人的这个痛点，不管你是出于好心想要安慰，还是出于恶意想要揭对方的老底儿，都必须管好自己的嘴巴，千万不要随意触碰。从需要的角度来说，如果他人想要得到你的安慰，则一定会主动向你倾诉，寻求帮助；相反，如果他人不主动提起，你也最好不要说，因为这一定是他人想要独自疗伤的表现。我们与他人交往，一定要建立在尊重的基础上，唯有更好地尊重他人，才能让交往更深入和亲密。

很多人在气急的情况下，总是口无遮拦地什么都说。在日常生活中，揭老底儿是人们在情绪激动时常做的事情。殊不知，揭老底儿实在不是明智之举。所谓揭老底儿，就是说些他人的短处和痛点，让他人感到难堪和尴尬。如此一来，你必然伤害他人的情感，让他人不知道如何面对现状。常言道，打人不打脸，骂人不揭短。一旦你不顾一切地揭开他人的老底儿，则他人一定会觉得尴尬难堪，甚至还会恼羞成怒，与你大打出手。和他人一样，你也一定有痛点。那么当他人揭开你的痛点时，你会如何？如此想来，你就不会轻易揭他人的老底儿了吧。所谓感同身受，就是这个道理。古人还曾说，己所不欲，勿施于人，说的也是这个道理。因而，不管我们再怎么生气，也应该避开他人的痛点，这是做人最基本的底线和原则。

可是偏偏生活中有很多人都喜欢且擅长揭老底儿，自以为这样的语言才最有杀伤力。尤其是很多夫妻之间，妻子总是在恼怒的关头脱口而出"你以前……你曾经……"这些揭老底儿的话，总是能在一瞬间击中她最爱的男人的痛点，让其心痛不已。日久天长，夫妻感情必然受到影响，可谓得不偿失。

李峰与杜文是从小一起长大的小伙伴，上学时还是初中同学、高中同学。因而，他们关系非常亲密，不管遇到什么为难的事情，都会主动与对方诉说。然而，李峰尽管把杜文当好朋友，却并不是与杜文无话不谈的。对于杜文，李峰始终有所保留，这是为什么呢？原来，杜文几次当着别人的面揭李峰的老底儿，因而导致李峰非常尴尬，也很伤心，要知道，这些私密的事情李峰只告诉了杜文。渐渐地，李峰就疏远了杜文，从最亲密的哥们儿变成了普普通通的朋友。而且每次和杜文一起出现在公开场合时，李峰总是提心吊胆，生怕杜文一高兴又开始揭他的老底儿，让他难堪。

有一次，都已经成家立业的他们一起参加高中同学聚会。在酒过三巡时，李峰显然有些喝多了，开始和同学们扯些小时候的事情。正当李峰和大家说得兴致盎然时，杜文突然插嘴道："李峰小时候啊，我最清楚了。我告诉你们，李峰小时候可邋遢了。他整天拖着两条鼻涕虫，哪里有现在的风光啊！他的手，就像是黑煤球一样，我简直怀疑他从来不洗澡，也从不洗脸洗手，难以想象啊，黑煤球如今长大成人就变得这么干净了。"同学们全都哈哈大笑，李峰却觉得非常难堪，他阴沉着脸对杜文说："你知道的这点陈年旧事已经卖了多少遍了，还有价值吗？"看到李峰生气了，同学们都尴尬起来，气氛紧张而又难堪。

原本杜文是想揭李峰的老底儿，让同学们欢乐开怀的，不想此时的李峰显然是有头有脸的成功人物，因而小时候的邋遢模样也就成为心底的痛点。既然他已经通过努力树立了成功人士的形象，自然不想再丢面子，因而他对杜文的话很生气。如此一来，大家全都觉得尴尬难堪。杜文呢，这个揭老底儿的笑话非但没有达到如愿以偿的效果，反而事与愿违，让在场的同学们都很难堪。

通常情况下，只有那些与我们亲近的人才会掌握我们更多的老底儿，也知道我们的痛点所在。光阴荏苒，时光如梭，随着时间的流逝，早已经物是人非。因而，任何时候都不要揭他人的老底儿，更不要暴露他人的痛点，否则，你就会失去朋友，甚至遭人唾弃。我们都应该努力提升自己的涵养，多多夸赞他人的优点，这样才能让彼此之间的关系更加和谐融洽、亲密无间。

5. 打断他人说话是不尊重人的表现

尊重他人有很多细致入微的表现，其中对于交谈最重要的一条，就是不要打断他人说话。在交谈过程中，总有些人不管他人在说什么，只要自己兴之所至，就马上插话，这让人觉得很不舒服。记得小时候，爸爸妈妈和老师都教我们要仔细聆听他人说话，不要随意打断他人说话。然而，时光流转，几十年后的今天，我们依然要老生常谈，再次重申这个问题。

打断他人说话本身就是很不礼貌的行为，除非不得已的情况，即使我们想要表达什么，也应该耐下心来认真听对方把话说完。从尊重对方的角度来说，不打断对方说话是基本的礼貌行为；从我们自身的角度来说，只有认真听对方把话说完，我们才能最大限度地了解对方，从而帮助自己更好地进行谈话。有些人不但打断他人说话，还会随意发表自己的言论，如此一来，更让对方感到不被尊重。在这种情况下，对方又怎么会与你愉快地交流呢？

虽然李鹏品学兼优，但是老师就是不喜欢他，这是为什么呢？原来，李鹏思维敏捷，却也因此有一个坏毛病，那就是总喜欢随意打断老师的话，并且自以为是地插话。在课堂上，当其他同学都聚精会神听讲时，李鹏却手也不举就质问老师："老师，这个题目不应该这么解答吧？"刚开始时，老师觉得他勤学好问，还经常表扬他，但是随着他的这个毛病愈演愈烈，老师越来越反感他。很多时候，老师正在按照自己的思路聚精会神地讲课，就被他强行打断了，因而不得不缓冲一下思维再重新来过，由此导致课堂任务常常不能按时完成。

这不，前几天老师正在讲读一篇作文，正当老师绘声绘色地为同学们朗读时，李鹏突然喊道："老师，这篇作文里说得不对……"老师对李鹏怒目以视，李鹏却毫无觉察，继续喋喋不休。因此，老师见到李鹏都怕了，每次上课前都要再三强调同学们不许随意打断老师讲话，更不能随随便便地插话。

当你随意打断他人讲话，并且在不明就里的情况下就随便插话时，你的发言含金量一定很低，甚至还会起到事与愿违的作用。通常情况下，打断他人说话且随意插话的人，一定是缺乏耐心听完他人所有发言的人，也因此会闹出很多乌龙笑话。谁让中国文字博大精深呢，既有正叙，也有倒叙，还时常会有正话反说的情况。因此，不等到了解所有情况就盲目做出评判，一定是缺乏理智的愚蠢行为。当你能够耐心听完他人的发言，你就会发现很多事情其实并非你想当然的那样；而且，在沉下心来静听他人讲述的过程中，你也会拥有平和的心境。由此可见，打断他人说话而随意插话，不但是不尊重他人的表现，也让自己的心变得更加浮躁。只有潜心下来，耐心地听完他人的表达，再经过仔细的思考，我们才能表达自己的思想和观点。人与人之间的彼此尊重，很多时候都体现在不引人注意的小节。从今天起，我们只有更加注重提升自己的涵养，才能成为一个受欢迎的人。